宋洁 著

陪孩子走过初中三年

天津出版传媒集团

天津科学技术出版社

图书在版编目（CIP）数据

陪孩子走过初中三年 / 宋洁著 . -- 天津：天津科学技术出版社，2022.11（2024.1 重印）

ISBN 978-7-5742-0646-5

Ⅰ . ①陪… Ⅱ . ①宋… Ⅲ . ①初中生 – 家庭教育 Ⅳ . ① G782

中国版本图书馆 CIP 数据核字（2022）第 201191 号

陪孩子走过初中三年

PEI HAIZI ZOUGUO CHUZHONG SANNIAN

策划编辑：	杨　谡
责任编辑：	马　悦
责任印制：	兰　毅

出　　版：天津出版传媒集团
　　　　　天津科学技术出版社
地　　址：天津市西康路 35 号
邮　　编：300051
电　　话：（022）23332490
网　　址：www.tjkjcbs.com.cn
发　　行：新华书店经销
印　　刷：德富泰（唐山）印务有限公司

开本 880×1230　1/32　印张 6　字数 150 000
2024 年 1 月第 1 版第 3 次印刷
定价：38.00 元

初中三年是连接小学与高中的桥梁，是孩子成长过程中的关键阶段。这个时期正是孩子度过青春期、提升学习能力和成绩的关键时期。

这个时期的孩子面临着上学、成长环境发生改变等问题。作为父母，你可能不理解孩子为什么不听管教，不知道孩子为什么问题多多，甚至面对孩子的某些不良习惯，不是训斥、贬低，就是惩罚、打骂。殊不知，这些行为都会在无意中伤害孩子。

教养孩子，不只是保证孩子吃饱、穿暖就行了，还要走进孩子的内心世界，要理解孩子，懂孩子，陪伴他一路健康成长。

有许多父母会抱怨，初中阶段的孩子难教育，他们的行为总是让父母难以揣测，他们有时是一副天不怕地不怕的样子，有时特别懦弱，有时骄横霸道、任性无理，有时又变得乖巧懂事、讲礼貌。因为宠爱孩子，所以父母会把孩子的这种善变的行为理解为他们未经世事，导致孩子的情绪表达会更加直接、更加强烈。但是，大多数时候，他们的这些行为并非表示他们予取予求。实际上，这些行为的背后都隐藏着他们复杂的心理因素。

在孩子的成长过程中，每一个阶段都会出现不同的问题，而每一个问题都与孩子的心理、成长的特点有关。如果父母能学会站在孩子的心理成长的角度看问题，关注孩子的内心世界，理解孩子行为背后的真正原因，那么你的"教育"于孩子而言才会是一件幸事。

当你发现乖巧的孩子变得行为举止怪异，不知所措时；当孩子和你处处对着干，你却无计可施时；当你发现孩子有喜欢的人了，不知道如何应对孩子的早恋时……那么，你就应该看一看这本书。

本书在提供大量事实的基础上，将处于初中阶段的孩子的"问题"一一列举出来，进行了专业的分析与解读，并提供了行之有效的方案。只有走进孩子的世界，你才能在应对孩子出现的所谓"问题"时游刃有余，才能教育好你的孩子。美国著名作家珍妮·艾里姆曾说："孩子的身上存在缺点并不可怕，可怕的是作为孩子人生领路人的父母缺乏正确的家教观念和教子方法。"本书让你在事事了然于心的情况下，教会你舒心地陪伴孩子每一天的成长。

目 录

C O N T E N T S

第一章

初中是人生的关键阶段，
和孩子一起面对成长的难题

第二章
维护初中孩子的自尊心，越过亲子沟通的障碍

第三章
帮助孩子顺利走过"动荡的青春期"

第四章

父母一定要懂的初中生心理和情感问题

第五章

全面发展，培养孩子对初中各科的学习兴趣

第六章
初中三年，提高孩子自主高效的学习能力

初中是人生的关键阶段，和孩子一起面对成长的难题

家里多了个叛逆少年 ●

随着孩子不断的成长，越来越多的家长感到前所未有的忧虑和烦恼，也对孩子有了越来越多的不解和无奈。曾经的乖孩子转眼间变成了家里冷漠而熟悉的陌生人，曾经和家长无话不说的乖乖女变成了不听家长话的叛逆女……许多家长对此感到很困惑，不知道孩子为什么会变成这样。家长想要了解孩子变化的原因，就必须先了解初中阶段孩子的心理特点。

处于初中阶段的孩子，对成人仍将自己看作小孩子这种行为是非常反感的，他们希望家长以及周围的人把自己看成是一个大人，能够把自己当作平等的朋友，能够理解、尊重自己。并且许多事情他们不愿意和家长商量，而是希望能够拥有足够的时间和空间自由挥洒。

然而，对于那些总是习惯于参与孩子一切的家长来说，孩子的这一心理和行为的变化让他们感到措手不及，总觉得孩子变了，于是就会强行参与到孩子的生活中，干涉孩子的决定，这样的话，孩子就会反抗，亲子关系就会变得十分紧张。

小俊所在的初中是一所名校，就因为小俊从小就学习非常认真，所以才能考上这所学校。现在，小俊已经读初二了，之前成绩一直不错。但是，这段时间却有所下滑，爸爸妈妈以为是孩子的学习负担太重了，出现这种状况是可以理解的，而且小俊从小学习就非常主动，因此，并没有太重视。

可是，有一天班主任打电话来，说小俊最近一段时间学习情绪不高，上课听讲也不认真，好几次老师发现他在看小说或者在画画。

这是怎么回事呢？小俊一直都非常听话，学习上的事家长根本就不用操心。于是，爸爸妈妈经过仔细商量，让妈妈和小俊好好谈谈，因为小俊和妈妈比较亲近。

然而，谈话的结果让家长十分吃惊。小俊根本就没有好好和妈妈说一句话，一直对妈妈爱答不理的，最后还说妈妈烦，让妈妈闭嘴！妈妈十分生气，可是小俊已经起身要回自己房间了，妈妈只好跟着进去了。

小俊看到后生气地说："这是我的房间，你怎么不敲门就进来！"

妈妈则说："这是爸爸妈妈买的房子，怎么就成了你的房间了！"

小俊没有想到妈妈会这样说，拿着书包就往外走，还说："好，你们的房子，我不住了，可以了吧？"说完，就夺门而出。

这个孩子是怎么回事？这还是原先那个听话乖巧的小俊吗？妈妈实在想不明白，怎么一转眼孩子就变成这样了？但是，她还是担心小俊，就让爸爸去追小俊了。

许多家长都和小俊的妈妈一样，对孩子突然不听话感到莫名其妙。他们总是在问孩子，把自己的想法说给孩子，责问孩子，但是孩子究竟在想些什么，最近的心理状况如何，家长往往并没有关注到。

孩子进入初中阶段以后，他们的身体发育加快，开始思考人生、思考自我，开始被身心成长过程中的许多问题所困惑。此时，他们想办法去摆脱这些困惑，这是人的生存本能。因此，他们常常会有一些反常的举动。

相关心理学家曾做过调查，结果发现，十岁之前的孩子很愿意和家长沟通，他们会把自己的想法说出来。但是进入初中阶段后，尽管家长依然爱着孩子，可是孩子的内心却有了新的问题和想法，他们不再愿意和家长交流，而是更愿意和同龄人沟通和交流。这是因为家长总是用"家长"的身份和他们交流，孩子得不到平等对待和认可，他们感觉不被尊重。

在了解了初中阶段孩子的心理之后，家长应该可以理解孩子的一些叛逆行为了。当然，在理解的同时，家长也应调整好自己的心态，暂时忘记孩子初中阶段到来时所带来的烦恼，积极地去做孩子最好的心理医生。

孩子有了自己的隐私 •

　　许多初中孩子的父母都在抱怨，说自己的孩子好像一下子有了很多隐私。面对孩子的隐私，许多父母会产生强烈的好奇心，想知道孩子会不会早恋，或者会不会做什么坏事。或许父母是处于关心，但是以关心为理由去偷看孩子的聊天记录或者孩子的信件、日记等，这样做不会对孩子有什么帮助，反而会让孩子对父母更加反感，从而对父母关上心门，不愿意再和父母进行沟通。

　　任何人都有自己的一点儿小秘密和隐私，这是不希望被别人知道的部分。父母应该明白，孩子心中存有秘密是十分正常的事情，这其中包括孩子的情感变化以及他的成长经历等，不一定就是一些不可告人的事情，父母完全不必对此大惊小怪。我们可以换一个角度，如果父母的秘密被孩子偷看，父母会有什么样的感觉呢？因此，父母要把孩子当作一个独立的人来看待，不要认为孩子是自己的，自己就有权干涉他的全部，只有保持孩子和自己在人格上的平等的心态，才会尊重孩子的隐私，赢得孩子的尊重。

　　小洁上初二了，学习压力有些大，需要查阅许多学习资料。因此，父母给小洁买了一台笔记本电脑，方便她查阅资料。刚刚收到笔记本的小洁十分兴奋，每天放学回到家就钻进房间玩电脑，有时不是在找和学习有关的资料，而是在玩游戏或者上网和同学聊天。妈妈没有在意，她觉得是因为刚刚买了电脑，小洁还处于兴奋的状态，时间长了，新鲜感过去了自然就好了。

可是小洁完全没有停下的迹象，而且出现了作业完不成的情况。妈妈有些担心，买电脑是为了让小洁更好地学习，可是却出现了不好的结果。为此，妈妈特别注意观察了小洁的行为，她发现小洁经常和一个网友聊天聊到半夜，而且看这个网友的头像和名字就知道是个男孩。难道小洁网恋了？这个想法让妈妈有些紧张，孩子正处于青春期，这要是恋爱的话一定会影响到她的学习和身心健康的。

妈妈想了一整天，觉得如果贸然和小洁谈的话可能她不会和自己说实话，于是她决定先看一看小洁到底和那个男网友在聊些什么。

等小洁上学去了，妈妈打开电脑看她的聊天记录，看后松了一口气。这个男孩是小洁的小学同学，两个人考到了不同的初中，两个人就在网上说一些自己老师讲课的情况，或者说一些同学的事情，就是两个好朋友之间的聊天。突然，小洁回来了，她看到妈妈在看自己的聊天记录，十分生气，"啪"的一声关上了笔记本，自己则转身夺门而去。

后来，爸爸妈妈在一个网吧找到了小洁。妈妈见到小洁立刻道歉说："是妈妈不好，我应该尊重你的隐私权，你跟妈妈回家好不好？"

虽然小洁跟着爸爸妈妈回家了，但是从此以后，小洁就不愿意和父母说话了，任何心事都不会告诉父母。

许多父母可能认为，孩子的生命都是自己给的，哪里还有什么隐私呢。因此，对于偷看孩子的隐私，家长觉得没什么大惊小怪的。有些家长还认为，看看孩子的聊天记录、手机短信、日记等，这都是天经地义的事，其实这也是孩子教育的误区。作为家长，当然有权利和义务监督和引导孩子上网，孩子有早恋倾向也应该及时引导，但是不能采取侵犯孩子隐私的行为来引导孩子。否则，就会好心办坏事，让孩子感到难堪，家长的行为会在不知不觉中伤害到孩子的自尊心。

孩子进入初中以后，他们渴望父母能给自己更多的空间，而有些家长总是想控制孩子、干涉孩子，结果把孩子越推越远，最后只能简单地客气，而不会真心地聊天了。

适当地控制是有必要的，但随着孩子年龄的增长，更多的是靠孩子的自觉和自律，而且要给孩子自主的空间，要尊重孩子自主的空间，这样，孩子才会和父母建立一个平等交流的平台，亲子关系才会融洽。

孩子的情绪总是大起大落 •

许多家长会发现，孩子进入初中阶段后，情绪总是大起大落。常常是一段时间非常低落，对什么都不愿意理睬，但是几天之后，孩子又像是变了一个人似的，十分阳光爱笑了，也不会动不动就生气了。这样两种极端的性格，孩子似乎驾驭得游刃有余。

面对孩子的这些情绪变化，许多家长都手足无措，既不知道是什么让孩子萎靡不振，也不知道又是什么打开了孩子的心扉，让他们从易怒的小狮子变成了温顺的小绵羊。

孩子情绪好的时候固然好，但是孩子在"心情低落期"时就很难相处，这样不但会影响到他们的学习和生活，还会影响到与他人的关系。再者说，孩子的情绪这样大起大落毕竟不是一件好事，许多家长希望能帮助孩子调整情绪，但是又不知如何下手。

初中阶段孩子的这种情绪起伏表现在心理学上被称为"情绪周期"。它反映了人体内部的周期性张弛规律，也叫"情绪生物节律"。有人认为这种周期性的情绪变化是一种精神问题，其实不然。这种周期性的变化只是孩子正常的生理心理现象，是具有周期性的变化规律的。

小冰自从进入初三后，妈妈就觉得有点儿受不了小冰的坏脾气了。可是说她脾气坏吧，有的时候又非常听话，还会和妈妈谈心。

有时，她们母女上午一起去逛街，玩得也很开心，但是到了下午，小冰就会"翻脸不认人"，对妈妈十分冷漠。

前几天小冰要期末考试，她每天回到家吃完饭就看书，每次考试的时候，她都会这样积极准备。但是，不只是她紧张，全家都会紧张，爸爸妈妈倒不是怕小冰考不好，而是这几天小冰就像个刺猬一样，见谁就刺谁。

有一天，小冰放学回到家，由于妈妈下班晚还没有做好饭，小冰一看餐桌上没有吃的，就开始"咆哮"："怎么回事啊，想要饿死人啊？"妈妈说一会儿就好了，但是小冰用力把水杯往桌上一放，就到自己房间去了。等妈妈做好饭，叫小冰出来吃饭，小冰没好气地说："看看表都几点了？不吃！你净耽误事！"

爸爸妈妈觉得小冰马上就考试了，也不想刺激她，就顺着她，也没有怪她，本想着等她考完试再说。可是，小冰还没考完试呢，忽然变得温顺了，回家对爸爸妈妈说话也不板着脸了，妈妈说什么也开始听了。这下轮到爸爸妈妈大眼瞪小眼，不知道该如何做了。

小冰这种大起大落的情绪是初中阶段孩子的情绪特点之一，初中阶段孩子的情绪有三个特点：

其一，情绪体验迅速。也就是说，这个时期的孩子情绪很不稳定，坏心情来得快，去得也快。

其二，情绪活动明显呈现两极性。他们的情绪活动很容易由一个面转换到另一个面，甚至由一个极端转换到另一个极端。

其三，情绪反应强烈。在情绪冲动时，理智控制作用减弱，很容易做出不计后果的过激行为。

情绪的强烈和不稳定，正是处于青春发育期的孩子身上普遍存在的现象。当然，这与孩子所面临的压力和挑战有很大关系。初中阶段的孩子正处于学习的关键时期，本身课业负担就非常重。而这个时期，他们的身体开始发育，特别是性方面的发育和成熟，使得孩子积蓄了大量的能量，容易过度兴奋，等等。初中阶段孩子的大脑和神经机制还没有发育健全，调节能力较弱，面对多方面的刺激和压力，孩子很容易产生心理上的不平衡感。孩子还没有学会掩饰和控制自己的情绪，常常喜怒皆形于色，在这样的情况下，情绪就显得忽高忽低，特别不稳定。

虽然说情绪不稳定是初中阶段孩子的普遍心理状态，但是情绪波动往往会给孩子的生活带来一定的影响，而低落的情绪则容易使人生病，危害孩子的身心健康。所以，在孩子的成长过程中，让孩子保持一种稳定而良好的情绪，是家长应该重视的问题。

学习没意思，不想学了 •

生活中，有的孩子只要一提到上学或者看书就会浑身难受，出现肚子疼、出汗或者失眠等症状，但是带孩子去医院检查却发现孩子的身体并没有什么问题。这个时候，家长就应该引起注意了，孩子很有可能是得了厌学症。厌学症是目前青少年诸多学习心理障碍中最普遍的问题，是青少年最为常见的心理疾病之一。

从心理学的角度来看，厌学症是指孩子消极对待学习活动的行为反应，主要表现为对学习存在偏差，情感上消极对待学习，行为上主动远离学习。患有厌学症的孩子往往会对学习失去兴趣，他们没有明确的学习目的，恨读书、恨老师、恨学校，严重者一提到上学就会恶心、头晕、脾气暴躁、歇斯底里。

小健正在上初中二年级，但是家长发现最近孩子放学回家的时候脸色都十分难看。以前回家就会写作业，但是最近也不见他写作业了，不是看电视就是躲在自己房间里，总之不是在写作业，因为书包都是回家就放在客厅沙发上，根本就没带进他的房间。

　　有一次，爸爸轻轻地推开门进入小健的房间，却看到小健躺在床上睡觉。难道是孩子生病了？于是爸爸赶紧喊来妈妈，妈妈把小健喊起来，耐心地问他是不是哪里不舒服，可是小健只是说："没有不舒服，就是想睡觉。"

　　这下爸爸生气了，掀开小健的被子说："那还不赶快起来写作业！不学习了？"小健也生气了，一下子坐起来，大声说："写作业，写作业，整天就知道让我写作业！我不写，我不上学了！"没想到小健会说不想上学了！小健以前的成绩也不错，虽然升入初二后有一点儿下降，但家长认为只要努力一点儿肯定能提上去的，但是没想到他却说不想上学了。

　　于是，爸爸给班主任打电话询问小健在学校的表现。班主任说最近小健的表现十分糟糕，上课不好好听讲，不是睡觉就是看课外书，从来不举手回答问题。有时老师主动提问他，他也很少能回答上来。作业不好好完成，而且学习也跟不上老师的进度。

　　爸爸听了班主任的话，有点儿不敢相信，小健以前挺爱学习的，为什么现在会出现这样的情况呢？可是孩子不上学肯定是不现实的，一定得帮孩子分析原因，找出对策才行。

　　例子中的小健很有可能是有了厌学情绪，才会导致上课不好好听讲，课下也不做作业，还有了不想上学的想法。那么，孩子为什么会产生厌学心理呢？主要有以下几点原因：

其一，家长的期望值过高。许多家长为了让孩子取得优异的学习成绩，有一个美好的前途，会付出许多努力，采取很多措施，这会让孩子的身心有很大的压力，生怕学不好会让家长失望。

其二，孩子消极的情绪和情感。任何事情都不可能是一帆风顺的，学习也是如此，孩子可能由于学习上的失败、学习成绩的暂时落后等原因遭受家长、老师的批评，同伴的疏离等，产生一定的消极情绪和情感，而这种消极的情绪和情感不断积累，会严重妨碍孩子的学习，导致其学习没有动力，把学习视为一种压力和负担。当然，还有的孩子由于害怕失败，唯恐失败会影响到自己在他人心目中的形象，于是对学习产生过度焦虑，从而害怕，甚至讨厌学习。

其三，孩子没有树立正确的学习动机。有的孩子不知道为什么学习，认为学习是为了家长或者老师。加上了解到社会上一些没有多少文化的人却赚了大钱，而上过大学的人却找不到工作的时候，孩子就会迷茫，不知道为什么要学习，这样自然而然就会对学习失去兴趣，甚至厌学。

初中阶段本是孩子学习的黄金时期，这个时期如果孩子对学习失去兴趣，一定会影响孩子以后的人生之路。因此，作为家长，一定要帮助孩子找到学习的目标和动力，让孩子摆脱厌学心理，重新爱上学习。

交流少了，孩子开始疏远父母

　　家庭是社会的细胞，也是一个团队。在每一个家庭中，孩子是核心，父母都希望与孩子关系密切、无话不谈。在孩子小的时候，父母与孩子的关系确实很融洽，孩子喜欢偎依在父母身旁，听他们讲故事，或者将自己在学校里看到的有趣的事情和父母分享，或者自己有什么问题会第一时间告诉父母。

　　但是随着孩子年龄的增长，尤其是在孩子进入初中以后，他们开始厌烦父母的唠叨，会疏远父母，不愿意和父母交流，也不愿意把自己的想法和父母说。有的父母对孩子的这种行为十分不解，甚至因此对孩子发脾气，于是，原本就紧张的关系会变得更加紧张，甚至有些父母和孩子会变得无话可说。

　　张女士的邻居家里有个男孩叫小迪，今年上初二了。以前小迪可懂事了，特别有礼貌，见到他的人都喜欢他。以前在路上见到小迪，他远远地就会喊"阿姨"，跟张女士打招呼。可是最近张女士发现小迪变化很大，见到自己跟不认识一样，有时为了避免打招呼，干脆低着头走过去装作没有看到。大家也很少见他出来玩了，好久都没有见小迪笑了。

　　张女士是看着小迪长大的，看到他这个样子就很担心，以为是他遇到什么事情，就偷偷地问小迪的妈妈。小迪的妈妈无奈地告诉张女士："这孩子不只是对别人这样，对我和他爸爸也是这样。

自从他上初二后，就跟变了个人一样，回到家里就往自己的房间里钻，除了吃饭的时候说句话，平时几乎不和我们说话，感觉儿子和我们都生分了。"

他们想到孩子马上就要升入初三了，以后的学习压力会更大，孩子如果一直这样不愿意交流心事，真怕将来会有什么心理问题。可是，他们想与孩子交流，苦于找不到方法。现在，小迪的爸爸妈妈整天都在想这件事，想着怎样与孩子再像以前一样无话不说。

小迪初一的时候还是个爱说爱笑的阳光男孩，到了初二之后就变得不愿意和父母交流，对别人都很冷淡，这是青春期的常见现象。一般来说，青春期孩子的生理成熟在先，其心理成熟在后。也就是说，初中阶段的孩子心理发育还没有成熟，正处于心理断乳期，会出现这种表现和心理特征，孩子做的事情可能不能让父母如意。父母如果在此时对孩子的心理不了解，对孩子的错误进行指责，让孩子感觉到厌烦，就会导致亲子关系出现一系列的问题，既会让孩子烦躁，也会让父母感到困惑。

国内外的许多研究都表明，经常和父母在一起的孩子，不仅智商高，而且意志坚定。其实，父母曾经历过青春期，也能体会这个时期巨大的变化对孩子造成的心理变化。因此，父母可以和孩子一起成长，一起体验青春，这样既可以缓解双方的不适，也可以一起享受成长的过程。父母要明白，孩子正处于青春期，再用以前的教育方法，尤其是强制的、严厉的、简单粗暴的家长式作风来教育孩子，显然是不管用的，那样只会让孩子越来越疏远。

因此，父母一定要记住，虽然孩子已经长大，但他们的心灵还是脆弱的。你如果想走进孩子的内心世界，就必须要心平气和地与孩子交流。

对未来的茫然，让孩子焦躁不安 •

初中这个阶段是儿童向成年人转变的过渡阶段。在这个阶段，有关自己和社会的各种信息围绕在孩子身边，需要他们经过不断的思考，最后确定自己的生活目标。初中阶段的孩子认识到，他们不仅仅是老师的学生，是父母的孩子，还必须要给自己定位，就是要弄清楚"我是谁""我以后要成为谁""我将来要做什么"。这是在青春前期已经开始，但是需要经过整个青少年时期才能完成的任务。

初中阶段的孩子渴望与外界接触，渴望交朋友。但他们同时也明白，初中阶段是每个人长大为成年人的关键一步，如果这一步没有走好，这辈子都会有阴影。因此，他们要努力学习，不让父母、老师失望。实际上，他们还会思索，学习是为了什么，学习好就一定能在将来生活幸福吗……当众多问题纷至沓来的时候，他们就变得迷茫了，开始变得不安了、焦躁了……

莉莉是一个聪明乖巧的初中生。她的妈妈出生于书香世家，深受传统观念的影响，因此对女儿的管教很严。而莉莉一直很争气，各方面都做得很好。妈妈总是希望她能做得更好，就给她制定各种标准。莉莉觉得，只有自己达到了妈妈的标准，妈妈才会喜欢她，所以她很努力。

可是，莉莉进入初中阶段后有了自己的想法，她想要学习音乐，可是妈妈却认为学习音乐会耽误学习，坚决反对，还说学习音乐将来没有出息。

莉莉开始思考自己到底想要什么，一直按照妈妈规划好的路线走下去，她就真的能成功吗？那种成功是自己想要的，还是妈妈想要的呢？从小到大，她都是按妈妈说的做，可是她并没有过得很开心，总是怕自己稍微做不好妈妈就会失望，会不喜欢自己。那么，将来自己要做什么呢？

莉莉感到迷茫了，不知道该怎么做，只要想到这个问题就会心烦气躁，因此晚上总是失眠，要熬到深夜两三点才能睡着，可是，一会儿又会醒来。上课的时候，莉莉开始注意力不集中，老师讲的内容她根本听不进去，大脑一片空白。一回到家里，她听到妈妈的叮嘱，又会感到心情非常烦躁，紧张不安，脑子始终昏昏沉沉的。而且莉莉的成绩开始下降，她很害怕妈妈知道，有时又觉得就该让妈妈知道，她不想按照妈妈设定好的路线走，可是自己又没有找到新的路线。莉莉感到未来一片白茫茫的，什么也看不到。

莉莉的情况不是个例，许多初中阶段的孩子都遇到过，父母为此也很担心。初中阶段的孩子常会因为对未来的茫然而焦躁不安，感到不知所措。一些处于初中阶段的孩子，思想较为叛逆，许多事情都不愿意和父母进行沟通，总认为自己已经长大了，自己的事情自己可以处理好，于是把什么事情都憋在心里，长久下去就会情绪低落。

所以，对于初中阶段的孩子，父母不能放任不管，而是应该和孩子多交流，了解他们的困惑，及时帮助他们摆脱迷茫的处境，找到人生的方向。

孩子对父母说出自己的理想或者对未来的打算的时候，可能因为他们的想法比较单纯，说的理想对于父母而言有些幼稚，或者不是父母希望的那样，就算不符合自己的标准，家长也不要一味否定孩子对未来的规划，因为他们的想法还不成熟，随着时间的推移和成熟度的提高，孩子的理想是会不断改变的。如果父母总是否定孩子的理想，会让孩子以后拒绝再与父母进行沟通，这样既不利于亲子关系的融洽，也会让父母因为不了解孩子而无法给孩子提供帮助和引导。

比如，如果是男孩说自己长大了想当一名公交车司机，爸爸可能会说："没出息，当什么司机？"或者是一个女孩对妈妈说她觉得护士就像天使，总是帮助别人，自己长大了也要做一名护士，妈妈可能会说："你怎么就这点儿出息啊，净想干伺候人的活啊？"父母总是这样否定孩子的理想，久而久之，会让孩子在否定中受到打击，他会不敢再奢望未来，以至于平庸地过完一生。其实，每个孩子对未来都怀有憧憬，职位也没有贵贱之分，如果孩子说出了他的想法，家长不要急着否定，而是应该正面引导，如果孩子的想法确实不具有可行性，那么家长可以和孩子一起完善这个计划，让孩子对未来充满希望，这样，他们就不会一直焦躁不安了。

不堪压力，性情变得烦躁 •

孩子到了初中阶段，除了要承受身体发育的变化带来的烦恼之外，还必须面临残酷的升学竞争。而父母和老师对孩子往往寄予厚望，等于在无形中给了孩子很大的压力，容易造成孩子身心负担过重，许多孩子承受不住压力继而会产生厌学甚至逃学的情绪。而且有的学校为了提高学生的成绩来达到高的升学率，让孩子每天学习的时间长达十几个小时，课下还要布置很多的作业或者给学生发很多的试卷要求孩子做完，这样直接导致孩子正常的休息、饮食得不到保障，久而久之，容易造成孩子的营养缺乏，使得孩子过于疲惫，精神萎靡，体内正常的生物节律被打乱，使得内分泌失调，继而出现烦躁不安的情绪，有很多女孩甚至出现月经失调等一系列症状。因此，从关心孩子心理健康的角度来说，父母应该根据孩子的具体情况，科学合理地安排孩子一天的生活作息时间，不要再额外给孩子添加任务，以免造成孩子心理负担过重。对于孩子的考试，尤其是升学等重大的考试，家长不要表现得过于重视，要以一颗平常心看待，以减轻孩子的心理压力。

倩倩上初三了，她所在的学校是一所重点中学，倩倩在学校的成绩一直是名列前茅的。倩倩的父母对她很放心，老师也很欣慰。平时，倩倩总是主动学习，前一天就会预习好第二天要学习的内容。而且倩倩是个很温柔的女孩，没有什么脾气，总是爱笑。可是，就在倩倩升入初三之后，妈妈发现倩倩变化很大，尤其是临近中考，倩倩的情绪波动很大，突然就会觉得紧张、抑郁，有时会有种莫名的烦躁令她发脾气。这和之前的倩倩相差很大，妈妈觉得可能是孩子到了初中阶段，有些叛逆的原因，再加上马上就要中考了，可能压力太大，就只是劝了劝倩倩。

可是倩倩并没有因为妈妈的劝导而有所改变，甚至还出现了厌学情绪，对学习没有耐心，一件小事就能让她烦躁不安。倩倩觉得自己肯定考不好，有点儿想要放弃中考的念头。不只是情绪上，倩倩的身体上也有了异常表现：她总是无精打采、浑身没有力气的样子；最近她例假不正常了，小腹有点儿坠痛的感觉。听到这些奇怪的症状，妈妈有些担心，也认识到了问题的严重性，于是决定带着倩倩去医院看看。

许多父母都是只看重孩子的学习成绩，从而带给孩子很多的心理压力，加上学校老师或者孩子自身好胜心带来的压力，让处于初中阶段的孩子不知道如何排解，久而久之，他们就会出现性情的变化，开始烦躁、厌学等。而且每个孩子出现烦躁情绪的原因都是不尽相同的，有的是因为自己给自己的压力，有的是因为学习困难造成的压力，有的是因为自己不如别人想要追赶别人又不知道如何做而出现烦躁的情绪。

所以，父母在和孩子沟通的时候，一定要先了解孩子烦躁的原因是什么，接纳孩子的情绪，不要认为他们是小孩子就不放在心上，时间长了，孩子的不良情绪得不到排解会造成很多不良的后果。父母在了解原因的同时，还要给孩子正确恰当的引导和教育，帮助孩子正确认识认知、信念在情绪产生中的决定性作用，使孩子树立起主宰自我情绪、摆脱不良情绪困扰的信心。总之，帮助孩子缓解学习压力，既要治标，又要治本。

另外，孩子学习压力大的问题多数还是出现在一些学习困难、成绩处于中游，比上不足比下有余的学生身上。他们之所以没有学好，并不是说他们的智力存在问题，绝大多数是因为孩子没有养成良好的学习习惯，有的孩子上课难以做到认真听讲，注意力也不能一直处于集中状态，而有的孩子还没有持久学习的耐性，往往是三天打鱼两天晒网，这样，成绩自然无法得到有效提高。

因此，父母要注意从小培养孩子良好的心理素质，用日常生活、游戏等方式有意识地训练孩子的注意力、认真态度、较长时间专注一件事情的习惯和严谨的为人处世态度。养成良好的行为习惯之后，孩子的学习会更加主动积极，也会减少学习的阻力和困难，压力减小了，孩子的烦躁情绪自然就减轻了。

不过家长要知道，初中阶段的孩子烦躁、爱发脾气是很正常的现象，不要认为孩子是变坏了，只是一味地责备孩子，这样反而会加重孩子的烦躁心理。家长不能把这种现象看得太重，也不能置之不理，而要采用多沟通的方式，用朋友式的平等交流，缓解孩子的压力，帮助孩子尽快平复情绪。

孩子变成了易怒的小狮子 ●

　　孩子进入初中后，情绪就像有一个周期一样，每隔一段时间，就会莫名其妙地发脾气，有时会闷闷不乐不愿意理睬别人，有时没有心思去做任何事，可是一旦惹到他，他就会向你大发脾气，就像一只时刻都准备发怒的小狮子。这个时候的孩子情绪是消极的，不只是会影响到自己的学习生活，还会影响到自己的人际交往。面对这样的初中阶段孩子，许多父母感到不知所措，不知道如何改善孩子的情绪，更不知道从何处下手。

　　虽说情绪不稳定是青春期孩子普遍的心理状态，但是情绪的波动往往会给孩子的生活带来一定的影响，还会分散孩子的注意力，而且长期的恶劣情绪甚至会使人生病，严重危害孩子的身心健康。

　　小健是个14岁的中学生，最近他的心情总是很不好，喜怒无常。有时早上还是心情舒畅的，可是到了下午就会愁云密布。有时他觉得生活充满了挫折，使得他常常对人发脾气。其实，他也不想自己这样，只是控制不住，往往不自觉地就对别人发火了。

在学校里，大家都穿统一的校服，为了换洗方便，每个人都有两套校服，小健也是一样，因为夏天容易出汗，妈妈都是在周三小健放学回家就让他换下校服来洗一下，所以小健已经形成了周三回家就脱下校服放到卫生间的习惯。

可是这周妈妈实在太忙了，忘了给他洗校服。到了周末，小健又换下一身来放到卫生间。看到放脏衣服的篮子里还有上一身校服没有洗，他立刻踢翻了篮子，出来对着妈妈就喊："都几天了你也不给我洗校服，这两身都脏了，再上学你让我穿什么？你自己看看！"说着，还把脏衣服都倒出来，不断地用脚去踢，一副很生气的样子。

妈妈觉得没什么大不了，周末洗了衣服，到周一肯定会干的，根本就耽误不了小健上学的时候穿。可是小健根本不听，只是在那里一直发脾气，甚至连晚上吃饭的时候还摔摔打打的，拿东西放东西都用很大的力气，发出很大的声音来表达自己在生气。

原本就是一件小事，而且不会耽误什么，可是小健就是控制不住自己，一遇到不顺心的事情就会立刻发火，不管是对谁。就因为自己的坏脾气，他最好的朋友最近也不愿意和他玩了，说是受不了他总是发火。

情绪的强烈和不稳定，正是处于初中阶段的孩子身上普遍存在的现象。当然，这与他们所面临的压力和挑战有很大的关系。心理学研究表明，处于初中阶段的孩子至少面临着三个方面的压力和挑战：第一个方面，青春期是身体急剧发育的时期，特别是性方面的发育和成熟，使得孩子积蓄了大量的能量，容易过度兴奋；第二个方面，学习任务繁重，使得本来养尊处优的孩子不得不面对激烈的竞争，心理压力普遍比较大；第三个方面，随着年龄的增长，孩子不再是整天待在家里，或者待在自己的玩具堆里来探索世界，而是需要进入社会，要接触各种各样的人和事物。所以，这一时期的孩子面对越来越多的人际交往、各种各样的信息，这使得孩子面临的问题越来越多，越来越复杂。

每一个孩子面对的都不是一种单纯的压力，而是几种压力交织在一起，矛盾此起彼伏。虽然说孩子进入初中阶段，但是他们的大脑和神经机制并没有发育健全，调节能力还比较弱，因此，孩子面对各方面的压力和刺激，容易产生心理不平衡感。而孩子并不像大人一样善于控制自己或掩饰自己，他们常常将感情直接表现在脸上或者表现在行为中，如果感到不顺心，他们就会直接表达自己的愤怒。

在日常生活中，各种不良的情绪，不仅会影响孩子的正常学习，还会影响到孩子的身心健康。心理学家进行的相关研究表明，心理健康与孩子的学习成绩是成正比的。也就是说，心理健康的指数越高，孩子的学习成绩就会越好。所以，父母想要孩子有一个良好的学习成绩，就必须重视孩子的心理健康。

那么，如何消除孩子的这些消极的情绪呢？首先，家长要关心爱护孩子，使孩子感受到无限的温暖，给予孩子精神的鼓舞，使孩子保持一种乐观、愉快的情绪和健康的心理状态。另外，要给孩子制造成功的机会，因为成功的情绪体验可以减少孩子的不良情绪。再者，还要培养孩子广阔的胸怀。由于初中阶段孩子的情绪极其不稳定，甚至还带有明显的极端性，所以，父母一定要引导孩子养成有涵养和自律的品质，让他们学会理智地去控制和驾驭自我情绪。

进入初中的孩子容易心浮气躁

初中阶段是孩子半成熟的时期，处于初中阶段的孩子，心灵深处总有一种力量让他们茫然不安，无法安静，这种力量叫浮躁。"浮躁"指轻浮，做事无恒心，见异思迁，心绪不宁，总想不劳而获，成天无所事事，脾气大，忧虑感强烈。浮躁是一种病态心理的表现。

可以说，浮躁是孩子成长路上的大敌。比如，有的孩子看到歌星挣大钱，就想当歌星；看到企业家、经理神气，就想当企业家、经理，但是又不愿意为了实现自己的理想而努力学习。还有的孩子兴趣爱好转换太快，干什么事都没有常性，今天学绘画，明天学电脑，三天打鱼两天晒网，忽冷忽热，最终将一事无成。

李女士的儿子上初中了，原本就爱好广泛的他自从上了初中以后开始学习各种东西。前一段时间他看到一个拍卖会的视频，一幅画能卖好几百万，觉得当个画家可真赚钱啊，于是就让李女士给自己报了一个绘画班，可是学了几节课之后他就不去了。李女士觉得钱都已经交了，不去太浪费了，就督促儿子去上课，可是儿子却说画画太难，自己不是那块料，而且要当大画家得用几十年的时间才能成功，太慢了。

后来，他又喜欢上弹吉他了，想让妈妈给他买一把吉他，觉得自己将来可以当个明星，自己长得不错，将来只要出名了就能有很多粉丝，可以过光鲜亮丽的生活。可是，李女士买回的吉他，儿子弹了一个星期就放在房间里不再弹了。

李女士觉得儿子做什么事情都只有三分钟的热度，而且转换特别快，无论做什么他都不愿意付出努力，只想着将来成功了会怎样，却不肯为了将来的成功在今天脚踏实地地付出汗水。

后来，李女士在学校开班会的时候特意向班主任请教，班主任说："孩子到了初中阶段很容易心浮气躁，虽然这种现象很普遍，可是家长不能坐视不管，得帮助孩子克服这种心理，不能孩子想学什么就学什么，这样没有韧劲和目的地学，怎么会学得好呢？"

李女士觉得班主任说得很有道理，可是具体要怎么帮助孩子克服这种浮躁的心理呢？心理医生建议家长可以从以下四个方面帮助孩子远离心浮气躁：

其一，父母要教育孩子立长志。

父母在帮助孩子树立远大志向的时候，要注意两点：一是立志要扬长避短。有的孩子立志经常不考虑自身条件是否可行，而是凭心血来潮，或者看到社会上干什么会挣大钱，就想做什么工作。这种立志者多数会受到挫折。父母应该告诫孩子，根据自己的特点来确立目标，而且最好是和孩子一起来分析孩子的特点，这样才会有成功的希望，千万不要追赶时髦。

其二，立志要专一。

父母要告诉孩子，立志不在于多，而在于"恒"的道理，要防止孩子"常立志而事未成"的不好结果的产生。

其三，父母要重视孩子的行为习惯。

一是要求孩子做事情要先思考，后行动。比如，出门旅行，要先决定目的地和路线。父母要引导孩子在做事之前，经常问自己一些问题：为什么做？做这个吗？希望有什么结果？最好怎样做？并要具体回答，写在纸上，使目的明确，言行、手段具体化。二是要求孩子做事情要有始有终，不焦躁，不虚浮，踏踏实实做每一件事，一次做不成的事情就一点儿一点儿分开做，积少成多，聚沙成塔，累积到最后就可以达到目标。

其四，父母的言传身教很重要。

父母要做好榜样教育孩子，父母首先要调适自己的心理，改掉浮躁的毛病，为孩子树立勤奋努力、脚踏实地工作的良好形象，以自己的言行去影响孩子。

在日常生活中，父母可以采用一些措施，有针对性地磨炼孩子的浮躁心理。比如指导孩子练习书法、学习绘画、弹琴等，有助于培养孩子的耐心和韧性。此外，还要指导孩子学会调控自己的浮躁情绪。只要孩子坚持不断地进行练习，浮躁的毛病就一定会慢慢改掉。

第二章

维护初中孩子的自尊心，越过亲子沟通的障碍

说一句顶十句，孩子的"有理"心理 •

　　许多父母都觉得孩子进入初中阶段以后就变得十分叛逆，不服管教，他们不愿意和父母沟通，对于父母的管教通常都是父母说一句，他们就顶十句，总是觉得自己有理，认为自己没有做错，是父母不理解自己或者冤枉自己，从而对于父母的管教更加排斥和反感。而父母则认为自己是过来人，对于孩子有管教的权利，对于孩子做的事有发言权。于是，许多父母和初中阶段的孩子各自坚持自己的立场，互不相让，这样很容易产生对立的关系。

　　如今的孩子大多是独生子女，从小娇生惯养，加上现在的媒体发展迅速，孩子每天可以接收大量的信息，他们觉得自己的想法很前卫，跟父母的传统思想不相符合，认为自己才是正确的，当受到别人批评的时候，就会直接顶回去。

　　小强过了暑假就该读初二了，可是不知道怎么回事，小强最近好像变了一个人一样，平时要么就自己躲在房间里上网、玩游戏，要么就是对家长不理不睬的。看到他的样子，爸爸和妈妈商量着和他进行一次谈话，想了解他最近的想法，是否遇到了什么事情。于是，小强的妈妈问："你最近有什么心事吗？怎么都不肯和爸爸妈妈说话了呢？"

小强不耐烦地说道："你们有什么事就快说，我能有什么事啊？我都这么大了，自己的事情自己会看着办的。"

爸爸有点儿不高兴地说："怎么和你妈说话呢？"

小强说："就这么说啊，还能怎么说？我还有事要忙呢，你们没什么事我就回房间了。"

妈妈忍住情绪对小强说："最近你都沉迷于上网，这样会影响你的学习的。如果你觉得上课压力大，我们可以一起出去玩玩，放松一下，你觉得怎么样？"

"要去你们自己去，我不去，我有自己的事做。你们不要一直烦我，我知道自己在做什么。"小强说着准备起身离开。

妈妈觉得小强实在太过分了，就开始训斥他："你这样也太不可理喻了吧！"

小强顶撞妈妈说："就你说得对，我就是不知好歹、不可理喻，这样你满意了吧？"说完就跑进自己的房间，用力地关上了房门。

父母在客厅里面面相觑：这是怎么回事？孩子怎么变成这个样子了？更让他们吃惊的是，小强在自己的房间门口挂了一个牌子，上面写着"请勿打扰"，气得他们无话可说。

其实，有的时候是孩子做了错事，可是家长在教育孩子的时候也要讲究方法，处于初中阶段的孩子大多是有些个性、有些叛逆的，一味地指责并不能让他们认识到自己的错误。可能原本他们开始认识到自己的不对，可是面对父母的指责，他们因为反感而有了更加强烈想去继续做错事的想法——父母不让做，他们偏要做，看看父母能怎么样。所以，父母要了解孩子的心理，试着感受孩子的想法。有时也许只是孩子想得过于单纯，有时是父母的想法落后，孩子可能有一定的道理。所以，家长不要一看到孩子的行为和言辞与自己心中的标准不一致就不问青红皂白地批评，而要善于从孩子的角度去思考。

许多家长一看到孩子出现与以往不同的举动，就认为这是青春期的叛逆行为，担心自己的让步会让孩子的行为越来越难以控制。然而，对孩子的每一个小细节都横加指责会让很小的争吵升级为全面战争。因为初中阶段的孩子最厌恶的就是父母对自己管得太多、干涉太多。

因此，在家长发现孩子有叛逆的小苗头的时候，家长首先应该按住性子，不要一味地指责，这样只会让孩子反感甚至更加叛逆。而且，孩子的有些行为并不能说是错误的，可能只是与家长的认知有些出入。所以，父母不要太武断，更不要替孩子做决定，而应该先询问孩子的意见，"你是怎么认为的呢？你打算如何处理呢？你打算什么时候开始做呢？"这就向孩子传达了尊重他们的意图。在了解了孩子的想法之后，如果有些部分确实不正确，家长也不要用命令的口吻要求孩子怎么样，而是用探讨和商量的语气和他们讲："我能理解你的想法，但是我们还要考虑……你觉得呢？"

孩子都是很聪明的，初中阶段的孩子已经可以从别人的语气中看出是否是在尊重自己或者是在给自己台阶下。如果他们觉得父母说得有道理，他们是会采纳的。如果孩子愿意和父母沟通，这样，在越来越多的沟通中，就可以建立良好的亲子关系，孩子的叛逆行为自然会减少。

父母用商量的方式去解决问题，即使没有商量成功，孩子也会感受到父母的关爱和尊重，亲子感情也会增加，有利于以后问题的沟通和解决。

孩子渐渐长大，已经有了自己的想法，可能你认为他们的想法很幼稚，可是他们却认为自己非常正确。这个时候，父母一定要给孩子留有独立成长的空间，让他们自己去体验，去长大。家长永远是孩子的后盾，是支持者和帮助者，而不是决策者。只有这样，才不会让孩子离自己越来越远。

初中阶段正是孩子形成主见的关键时期，小错在所难免，所以，家长不要急着去纠正孩子的每一个错误，应该放手让他们去犯一些无伤大雅的小错误，让他们吃点儿亏，他们以后自然会考虑家长的意见。

对于初中阶段的孩子，支持要比压制好，商量要比命令好。当然，如果孩子的想法是合理的，家长应该全力支持。

对初中的孩子不可硬碰，要巧妙应对 •

最近一段时间，丽群的父母正在为养了一个"叛逆"的女儿而烦恼呢。自从上了初中后，丽群就越来越不听话了，经常顶撞父母，有时候父母说多了，她甚至理都不理他们，一副大义凛然的样子，随他们怎么说，自己依然我行我素。

丽群活泼好动，讲哥们义气，她特别喜欢打乒乓球，一有空闲，她就会和几个小伙伴一起去体育场打球。

丽群的父母对她给予了很大的期望，希望她现在一心学习，以后能考上好的大学，有出息。因此，平时对丽群要求很严格。

丽群上小学的时候，比较听话，爸爸妈妈不让她玩耍，她只好忍着。但她在课下喜欢上了乒乓球运动，偶尔征得父母的同意才去打打球。

上初中后，父母为了让她能够考进重点中学，对她的管教更严格了。但是，丽群觉得自己打球并没有影响学习，慢慢地，她与父母的矛盾越来越大，而且还常常闹情绪，打乒乓球的次数反而越来越多了，学习成绩也是直线下滑。

这天，丽群放学后打了一会儿乒乓球才回来，一进家门，父亲就质问她："你又去打球了？"

丽群只是看了父亲一眼，没吭声，径直朝自己的房间走去。

"我跟你说话呢！你这是什么态度？真是越大越不懂事了！"

"我怎么了？不就是打了会儿球吗？小时候我什么都听你的，可现在我长大了，我有自己的主见，你别再干涉我，行不行？"

"你还有理了？看看你的学习成绩，直线下降，还不都是因为天天打球？"爸爸越说越气。

"我打球从来就没耽误过做作业，也没有影响到学习！"丽群理直气壮。

"还不承认，那你的成绩怎么越来越差了？"

"还不是你们整天这不行，那不许的，我心情不好，学不下去！"说完，丽群走进了自己的房间，重重地关上了门，门外，是目瞪口呆的父亲。

孩子的成长过程中，都会经历一个初中阶段，这一时期的孩子缺乏适应社会环境的独立思考能力、感受力和行动能力等；另一方面，初步觉醒的自我意识又会支配他们强烈的表现欲，即处处想体现自己，想通过展示自己和别人不同来证明自己的价值。所以，这一时期的孩子喜欢打扮得与别人不一样，喜欢做一些引人注目、与众不同的事情，也爱说一些令人吃惊的话，希望别人能够对他们另眼相看，这都是他们想要的效果。如果了解到这些，相信很多妈妈就不难理解孩子这一时期的叛逆表现了。

此外，父母的教育方法不当，也是孩子产生叛逆的主要原因。比如有的父母不尊重孩子的人格，随意对孩子进行讽刺、挖苦、辱骂，甚至殴打，伤害了孩子的自尊心，从而使孩子对父母产生对抗情绪。

有的父母对孩子的期望值过高、要求过严，当孩子不能达到父母的要求时，父母就大发雷霆，甚至打骂孩子。

还有一些父母由于缺乏心理学知识，不按照孩子的心理发展规律施教，说话过头，爱摆长辈的架子等，这些父母不注意的行为，都会导致孩子的叛逆。

同时，有压制就会有反抗、就会出现叛逆，反抗是孩子成长的轨迹，是孩子正在顺利成长的标志。当孩子出现反抗言行时，做父母的应放心：孩子在顺利成长呢。

可是令人遗憾的是，很多父母一遇到孩子反抗，马上就发起火来："怎么能对爸爸（妈妈）这样，真是不听话的坏孩子。"

反抗，是与自我成长同步出现的自然表现，对于孩子的发展来说是不可欠缺的重要一环，所以，欧美等国非常重视孩子说"NO（不）"，在反抗期里不会反抗的孩子才是令人担心的。

对于孩子的反抗和叛逆，父母不要与之对抗，而要巧妙地应付。

这时父母最好能记住 4 个关键点：一是"无知"，二是兴趣，三是放权，四是温柔地坚持。这是许多心理学专家共同的认识。

所谓"无知"，就是装傻，不要老觉得自己懂得孩子的一切，总是告诉孩子怎么做，而应启发他，放手让他自己做，让他体会到成功的喜悦。有的父母事业非常成功，这对孩子会构成压力，不如你装傻，让孩子能感到他自己的成功，对超越父母更加有信心。

所谓兴趣，就是不要只对孩子的学习感兴趣，要学会对他生活中的所有细节感兴趣。比如他爱唱歌，你就要学会欣赏他。赏识对孩子的健康成长是非常有效的法宝。

所谓"放权"就是适当地让"权"。在孩子慢慢长大时，他需要在家庭里寻找自己的空间，这时候父母要学会闭嘴。比如孩子有自己的生活方式了，和原来你给他的生活方式发生冲突了，不要那么快就做出反应，可以用"等待的艺术"。

所谓温柔地坚持，就是有时候对原则性的问题要坚持，但要讲究方法。比如孩子早恋或者整夜泡网吧，这时候你就要温柔地坚持，说这样做对你是不好的。记住，是对他不好。不要强制他不出去，但只要他出去，你就用这种方式来提醒他，这些行为对他的身体、品行和人生发展，都可能会造成很大的负面影响。

父母们应记住，4个关键点的核心是平等。

初中阶段的孩子是最难"对付"的孩子，不过父母不必担心，孩子就是在反抗中逐渐长大，完善自我意识，形成独立人格，为将来适应社会打下基础的。你只要巧妙地应对孩子的叛逆，帮助他们化解青春期可能会遭遇的危险，让他们少走点儿弯路，就是对初中阶段孩子最好的照顾了。

给孩子充分的独立空间，叛逆行为会消失大半 •

初中阶段是孩子心理变化非常剧烈的阶段，因为他什么都想自己去尝试，今天是这种心理状态，明天可能就变成另外一个样子了，因此，父母不必为孩子偶然出现的异常行为而焦虑不安，也不要对孩子偶尔出现的强烈的叛逆行为——譬如离家出走、早恋等大动干戈，此时，父母应当适当地进行反思。因为，孩子强烈的叛逆行为是对父母强烈的控制欲望的一种反击，如果父母对孩子的控制适当变弱，那么孩子的叛逆程度也就会自然而然的下降。

作为父母，要理解孩子的叛逆心理，懂得孩子一定程度的叛逆是非常正常的，是孩子走向成长和独立的必然阶段。如果父母尊重孩子的想法，给他充分的独立空间，那么孩子的叛逆心理就会减轻；相反，如果父母不尊重或者横加干涉，那么后果就是孩子的叛逆心理会变得更加强烈。

一位单身妈妈离婚后和儿子相依为命。

妈妈对儿子的要求很高，妈妈希望自己的儿子是最优秀的，于是从小儿子游戏的时间就很少，除了学习还是学习，儿子也没什么好朋友。妈妈还总爱拿他和亲戚、邻居的孩子比，不如其他孩子时就冷言冷语，甚至动手，妈妈的暴躁让儿子饱受皮肉之苦。

最近，儿子的情绪总是不稳定，很极端，还常常出现对立情绪。他变得急躁易怒、学习被动，没有了激情，成绩也一再下滑。儿子有一个小日记本，从小学时开始记起，为找原因，妈妈经常偷看孩子的日记，儿子似乎也觉察到了。

终于有一天，当妈妈刚打开儿子的抽屉时，发现背后站着怒气冲冲的儿子，妈妈一脸尴尬，儿子夺过日记本撕了个粉碎。

看到妈妈的震惊，儿子一言不发，他知道妈妈独自抚养自己的辛苦，只是一直以来，给他的压力实在太多，今天他终于做出了无声的反抗。他觉得很轻松。

作为妈妈，走出失败的婚姻，还要承担起孩子的生活和教育，已经很不容易。对孩子的高要求是可以理解的，但是教育过于封闭和严厉，让逐渐成长的孩子感受到的是沉重的压力。发生冲突之后，妈妈必然也受到伤害，一直信任的儿子的公然反抗沉重地打击了她。

而儿子呢，妈妈婚姻的结束，家庭的破裂，与同龄人相比他已经承受很多，再加上妈妈严密的爱和不当的教育方式，无疑是对孩子的心灵雪上加霜。为了不违背内心的声音他做了反抗，但是又伤害了辛劳的妈妈，矛盾后的爆发，清醒之后的懊悔，从这些方面来看，发生冲突对双方都是伤害。

初中阶段孩子的父母首先要给予孩子充分的尊重；如果父母尊重孩子的独立，那么这种叛逆心理就会减轻。如果父母不尊重，那么这种叛逆心理反而容易变得更强。

其次，父母要和孩子多沟通多交流，多听听孩子的想法。孩子需要父母给予更多的关爱。冲突可以升级也可以避免，关键在于我们处理的方式，心平气和，静下心再去面对会比怒气冲冲时处理要理智得多。

所以，与其偷偷地翻看日记不如坦诚地和儿子交谈；与其花费更多的时间叮嘱他学习不如给他多一些温暖和拥抱，感受到父母疼爱的孩子更愿意投入学习。

爱的深沉博大需要父母达到一种更高的境界：爱而不伤害。作为父母，在教育中应避免让爱转变成伤害，要做到真正的关爱孩子，让他健康成长。

总之，初中阶段是每个人成长中必然经历的时期，这一时期，父母都难以做到用一套严格科学的控制手法让初中阶段的孩子健康成长，而应该让他们独立成长，让他们自己去体验生命和生活中的酸甜苦辣，并最终成为他自己。

只要孩子守住底线，就不要总想着去和孩子谈心 •

黄清一直是一个开朗活泼的女孩，从小就喜欢说话，只要有人在她旁边，她就能一直和别人说话，她尤其爱缠着妈妈聊天，而且说起话来像是不会累似的。而升入初中以后，黄清慢慢地变得不爱说话了，像是变了一个人一样，经常自己坐在房间里发呆，或者是一个人看很长时间的书，还每天坚持写日记，妈妈主动跟她聊天，她也经常无精打采，随便应付，或者是以累为借口而拒绝。妈妈很是不解，为什么孩子慢慢地变内向了呢？为什么忽然和自己的关系疏远了呢？以前她可是什么事都要跟妈妈说的啊。

像黄清一样，处在初中阶段的少男少女，总爱在自己的抽屉上上把锁，似乎有什么秘密；总爱一个人坐着发呆，似乎在想些什么重要问题；总爱跟好朋友黏在一起，而对父母的依赖越来越少。他们试图在宣告自己已经有了一个隐秘世界，不想再像童年时期那样，心里有什么话都愿意向父母"敞开心扉"。这是一种正常的心理特征，它体现了一种独立意识和自尊意识。

初中阶段的孩子，随着生理的变化，心理也发生了变化。独立意识发展壮大，孩子不再一切依靠父母，他们开始掩饰、隐藏自己的真实情绪，出现了"心理闭锁"特征，他们常常自己想心事，甚至拒绝父母的关心和爱抚。父母千万不要太慌张，急着去跟孩子谈心，要知道这是孩子走向成熟的一个十分重要的阶段。

孩子有了秘密，标志着他正在成长，他想要摆脱大人的保护，独立地感受人生、思考未来，这是他们心智趋于成熟的表现。有秘密的孩子比没有秘密的孩子情感丰富，长得快，成熟早。这应该被看作是一件好事，而绝非坏事。父母应当支持孩子拥有自己的秘密，给孩子留有空间，对孩子多些理解，而不要企图掌握孩子的一切，更不要用家长的威严来压迫孩子吐露心声，这样，父母在孩子心中的形象才会更高大，更能获得孩子的信任和爱戴，亲子关系也会更加美好。

　　但是，在许多父母眼里，子女似乎永远是长不大的孩子，而自己作为父母就有权利对孩子做任何事，于是老是随意闯入孩子的"隐秘世界"，采取粗暴干涉的强制手段，拆信、监听、悄悄查看日记以及打骂、关禁闭等，这样做往往会事与愿违，孩子绝不会把真实的秘密告诉父母，甚至开始厌恶父母，最后不仅伤害了孩子的自尊心，影响了他的心理健康，还伤害了亲子之间的感情。

　　作为父母，想了解孩子心里在想什么很正常，但了解孩子要讲究方式方法，建立信任关系才是一个最好的办法。因为只有让孩子信任你，他才会有可能愿意告诉你心里话。所以，父母要给孩子适当的空间和自由，尊重他的隐私，尊重他的想法，会为他保密，会为他想办法，这样孩子才能信任你，告诉你自己的想法。切忌用偷看日记等方法来窥探孩子的想法，这是在打破信任，信任一旦被打破，要重新建立就很难了。所以，父母如果真想听听孩子的心里话，不妨拿出你的诚意来。不去主动追问他的秘密，不背着孩子在老师和同学处打听他的情况，而是偶尔给他写一张表达"关怀"的小纸条。这样孩子感受到妈妈的关心与爱，同时又感受到父母的尊重和信任，他自然会向你敞开心扉。

　　而当孩子向父母诉说秘密时，父母不要急于下结论，必须首先接受孩子所有的话，然后通过自己的大脑进行分析，进而向孩子传递价值、教训和爱心，记住，孩子不想要听你的唠叨和责骂，他需要的是尊重和理解，当孩子给以你聆听他心声的机会时，一定要给以孩子温暖的回应，别让孩子对你的信任和期待在你的呵斥声中瓦解。

初中阶段的孩子是特殊的，他们需要父母特殊对待，记住只要孩子守住"好好学习不做坏事"这一底线，就不要总想着去和孩子谈心。如果你能认识到这一点，就一定会尊重孩子的隐私权，从而获得孩子的信任。

每个孩子都讨厌父母的唠叨 •

天下没有不爱孩子的父母，但是，几乎每一个做父母的都避免不了做一件让孩子十分厌烦的事情——唠叨。"你怎么又开始玩了，作业做完了吗？赶紧写作业去！""我都说过多少次了，电视看多了对眼睛不好，赶紧关了电视，看看书去。""外面风这么大，你不多穿点会感冒的。""路上车多，骑自行车的时候要多看着点路。""在学校要好好听讲，别开小差。""和同学好好相处，搞好人际关系，受欺负了找老师解决。"孩子几乎每天都能听到父母这样的关心和嘱咐。

孩子会领情吗？恐怕不会，孩子对父母的这些唠叨往往都是声声埋怨。"我知道了，你烦不烦啊！""知道了，真烦人。""我又不是小孩子了，你能不说了吗？"在现实生活中，许多孩子对父母的唠叨感到不胜其烦。

在一项关于"你最讨厌爸爸妈妈的哪些行为"的调查中，有33.8%的孩子认为自己的父母经常小题大做、爱唠叨。

父母之所以爱唠叨，是因为孩子小的时候心理不成熟，许多事情没有办法自己做好，因此父母总是担心孩子会出错，就会时刻提醒孩子。等孩子长大后，他们已经可以独立做事了，也有了自己的思想。但是，在父母眼中，孩子永远是孩子，父母已经习惯了唠叨。对于父母整日的唠叨，孩子很容易产生自我保护式的逆反心理，他们消极对抗、沉默不语，或者干脆与父母针锋相对。殊不知，父母的反复唠叨会伤害孩子的自主性和自尊心，还会直接打压孩子日益增长的成人感。

在心理学上，有一种被称为"超限效应"的现象，指的是人体在接受某种刺激过多的时候，会出现自然的逃避倾向。也就是说，一个人在受到外界刺激过多、过强或作用时间过久的情况下，他就会极不耐烦或产生逆反情绪。"超限效应"在家庭教育中时常发生，比如孩子要上学，外面下雨了，父母就会反复提醒孩子要多穿衣服、要带伞，他们从早上起床的时候就开始说，孩子吃饭的时候又说，等孩子出门的时候还说。这就会让孩子觉得大人非常啰唆。实际上，父母过分的叮嘱，不但不能起到预期的效果，反而会让孩子产生"超限效应"，让孩子感到腻烦，或者孩子因为唠叨听得太多，已经麻木了。

有关心理学研究表明：如果父母对孩子卧室的卫生状况总是唠叨不停，孩子可能会反其道而行之，让卧室的卫生状况变得更差。因此，父母在教育孩子的时候，一定要注意"度"的把握，要采用合理的教育方法，否则父母会因为过于唠叨而招致孩子的怒气，这样反而达不到教育效果。

陈磊原本是个十分听话的孩子，妈妈对陈磊的照顾可以说是事无巨细，凡事都要一一嘱咐，生怕他做不好。小时候，陈磊都是按照妈妈说的去做。随着年龄的增长，陈磊觉得自己已经长大了，许多事情不用爸爸妈妈来嘱咐自己了，可是爸爸妈妈还是把自己当成小孩一样去对待，尤其是妈妈。

每天早上，妈妈都会唠叨："都什么时候了，快点儿起床，再不起床就要迟到了。"可是陈磊自己心里有数，而且他定着闹钟呢，到点了他自然会起来，根本就不需要妈妈提醒他。好不容易起来了，到了吃早饭的时候，妈妈则开始说："时间不早了，快点儿吃，再慢吞吞就赶不上上课了。"陈磊忍不住抱怨："你不是说吃饭要细嚼慢咽的吗？"妈妈瞪了他一眼说："还顶嘴，赶紧吃，谁让你不早起来的！"等陈磊收拾完准备出门的时候，妈妈还要唠叨："多带件衣服，等冷的时候穿，热了就脱下来。对了，你的课本都带上了吗？作业有没有落下啊……"终于走出家门后，陈磊深深地吐了一口气。

到了晚上，陈磊想看看自己喜欢的电视节目，妈妈又在耳边说："还看电视！作业写完了吗？不用复习吗？"可是陈磊明明刚打开电视。

有时候他回家晚了，妈妈会说："怎么回来这么晚？在外面没有惹事吧？以后一个人不要到处乱跑，多危险啊！"

妈妈完全把陈磊当成一个不懂事的小孩子来看，可是陈磊已经是个中学生了。妈妈这样唠叨个没完，陈磊觉得烦透了，但是又不好发作。

有一次，陈磊考试的成绩不是很理想。在班上，老师批评了他，这让陈磊十分难过。可是一回到家，爸爸妈妈又开始唠叨个没完："这次怎么考得这么差？上课的时候都听什么了？你是不是最近有什么心事啊？学习一定要用心才行，要知道'少壮不努力，老大徒伤悲'啊！现在好好学习，你将来才不会后悔，要不以后后悔也晚了……"见爸爸妈妈唠叨个没完，陈磊实在是受不了了，于是他不顾一切地喊道："你们怎么这么烦，不就一次没有考好嘛！至于唠叨成这样吗？"说完，陈磊跑回自己的房间，"砰"的一声把门关上了。

父母的唠叨的确会影响亲子关系，许多孩子都像陈磊一样，开始的时候可能还会忍受父母的唠叨，但是内心已经十分厌烦了，如果父母长此以往下去，终有一天孩子会爆发的，到时候再来关注亲子关系就晚了。所以，如果父母想要让孩子不厌烦自己，就要努力克服自己唠叨的习惯。父母应该了解孩子的心理特点，每一个时期的孩子都有一定的心理特点和心理需求，父母应该据此来对待孩子。孩子在很小的时候，什么也不会做，也没有独立意识，这个时期往往是父母说什么，孩子就做什么。但是孩子慢慢长大，他们逐渐有了独立意识，父母就应该把孩子当成大人一样对待，孩子自己的事情就让孩子自己做决定。比如，今天要不要穿厚衣服，就让孩子自己决定，如果他不穿而天气又实在太冷，父母也不要担心，不妨就让孩子承担一次自己决策失误带来的后果，这样，下次他就会懂得该做什么样的决定了。这样做不但省去了父母的唠叨，不会让孩子心生厌烦，而且还逐步锻炼了孩子的决策能力。

其实，作为父母，当然应该给孩子一定的建议，但是只需要建议就好，而且千万记住再一再二，不能再三，就是说父母给孩子建议的时候，说一次两次就可以了，千万不要再说第三次了。因为孩子讨厌听到不断重复的话，而且只要父母确定孩子听到了自己所说的话就够了。如果孩子愿意接受你的建议，你只需要说一遍他就会采纳；如果孩子不愿意，你就算说再多遍，效果也是一样的，孩子并不会因为你唠叨的次数多就更听话，有时可能会适得其反。

所以，父母应该多聆听孩子的想法，用心去感受孩子成长中的变化，父母应该合理引导孩子，而不是把自己的想法强加给孩子。好的教育是让你的教育方式适应孩子，而不是让孩子适应你的教育方式。

说孩子"笨"，使不得 ●

在我国的传统教育中，人们普遍认为谦虚是一种好品质。当然，这是事实，但是有些父母却过于谦虚，在别人夸自己的孩子时，他们总是会说自己的孩子如何不好，这原本是大人之间的客气话，但是孩子听到后，会认为自己不够优秀，这难免会让孩子有些伤心。

除此之外，对于孩子的一些类似唱歌的时候会跑调、写字的时候总是看一笔写一笔、孩子不会跳绳、孩子拍不起球来……这些看似并不起眼的问题，许多父母都会遇到，父母就把这些自认为"简单"的事归咎为孩子笨。许多父母甚至是老师在批评孩子的时候，常常会用"你真笨"这三个字，粗俗一些的人可能会对孩子说两个字"笨蛋"。

孩子在小的时候，通过成年人的引导使孩子建立起自信心对孩子起着很大的作用。父母是应该鼓励孩子，让他们从失败中站起来呢，还是让他们在失败后认为自己的头脑不好——笨，从而永远背着这个包袱生活呢？从生理学的角度看，凡是人们不感兴趣的事，人们往往都会干不好，不感兴趣会使头脑闭塞僵化，而充满兴趣会使头脑开放活跃。一个认为自己笨的孩子，他的脑子自然而然地就会处于闭塞状态。因此，父母千万别用"你真笨"束缚了孩子的头脑，因为这样的话语还会引起孩子的自卑心理，让孩子以后的生活受到不良心理的影响。

现代科学研究证实，发育正常的孩子之间，天生智力并没有多大差异。人的大脑的利用率通常不到20%，一般孩子学习水平的差异，不是聪明与愚笨的差异，而是由于被激活的智力潜能的不同所造成的，条件不同的孩子通过有针对性的训练都会变得聪明起来。俗话说："捧一捧，就灵。"捧，并不是一味地说漂亮话。怎么捧，还得有的放矢，注意点儿方法和技巧。

比如，在一次测验中，孩子的成绩不太好，自己觉得不好意思，父母就不要一味地指责孩子没有好好学习，而应该对他说："你不是能力不行，也不是基础差，更不是不如别人，是你太粗心了，没有读懂题目，不然，凭你的能力是完全可以做对的！"父母的这种有意的错误归因，既维护了孩子的自尊心，避免造成孩子心理上的问题，又增添了孩子的自信心。捧一捧，让孩子在今后的学习中能找到方向，看到希望。

小杰的父母都没有上过大学，所以就希望小杰能学习好，将来考上大学给家里争光。因此，父母对小杰的教育十分严格。小杰每天除了完成学校的作业，还有许多父母给他布置的作业要做。周末，小杰还要去上辅导班。

为了让小杰能有一个好的学习环境，妈妈几乎什么都不让小杰干，专门空出一个房间来给小杰学习用，谁都不能进去打扰他。即使是这样，小杰的成绩也并不理想，勉强算中上游水平。

以前，无论小杰考得如何，他从来就没有听到爸爸妈妈表扬过自己。爸爸妈妈总是叮嘱他要好好学习，如果成绩稍有退步，爸爸妈妈就会狠狠地批评他一番。这让小杰觉得自己不够聪明，即使很努力了，成绩还是上不去，这让小杰的压力很大。

有一次，小杰的英语考了 90 分，虽然看起来也是不错的成绩了，但是因为小杰以前的成绩都比这次要好一点儿。因此，爸爸看到试卷上的成绩后，气得直接打了小杰一巴掌，训斥道："你怎么这么笨啊！别人要是有你的这些时间和条件，早就考 100 分了，你看看你自己，能干好什么呀？"

在班里，小杰发现学习委员整天都在和别人聊天开玩笑，但是她的成绩却很好，自己这么用功反而成绩不如她，也许爸爸说得对，自己确实是笨。小杰越是这样想，成绩越是往下滑。在后来的一次测验中，小杰只考了 80 分。爸爸对小杰又是一顿数落，说："我怎么就生出你这么个笨孩子啊？你整天都在干什么呢？下次再考不好，你就等着挨打吧。"小杰有些害怕，也有些自暴自弃，觉得自己可能真的是没有别人聪明，怎么学也赶不上别人。就这样，小杰在学习上没有了自信，成绩也逐渐下滑，后来，竟然成了差生。

小杰真的笨吗？答案是否定的。如果小杰笨的话，开始怎么可能是中上游水平呢？只是因为爸爸屡次说他笨，他也觉得自己笨，使得小杰的自信心逐渐消失，小杰逐渐有了自卑心理。在自卑心理的作用下，他的潜能自然不能很好地发挥。所以说，他并不是笨，而是因为他的心理上出现了问题，从而造成了所谓的"笨"。

所以，在孩子出现一些小的失误或者错误的时候，父母不要说孩子笨，而是要多从孩子的角度来考虑问题。只要父母教育孩子的方法灵活些、高明些，多鼓励、多表扬孩子，让孩子的心理由"我真笨"转变为"我能行"，那么，孩子才能不断进步，变得聪明。

当然，父母也不要过多地责备孩子遇到事情不懂得思考，许多孩子之所以不会动脑筋想问题，大多也和家庭教育有关系，只要父母能够用正确的方法教育孩子，孩子自然就爱动脑筋，变得聪明了。陶行知先生说过："你的教鞭下有瓦特，你的冷眼中有牛顿，你的讥笑中有爱迪生。"做老师的不能对孩子冷眼相看，做父母的更不应该如此。只有对那些暂时未开窍的"瓦特""牛顿""爱迪生"不施以鞭教、冷眼和讥笑，保护好孩子的自尊心，多给孩子一点儿关爱，增强孩子的自信心，这样才能真正教育好孩子。

在意孩子的缺点让他更自卑 ●

有的父母通过各种方式去求证自己的孩子聪明与否，然后武断地给孩子贴上"聪明"或"不聪明"的标签。有的父母担心孩子输在起跑线上，便焦躁不安地想要寻取一剂"妙药"，以求可以快速改变孩子的资质。其实，世上并没有能把孩子变得聪明伶俐的灵丹妙药，父母应该关心的，是怎样才能更好地了解自己的孩子，然后根据孩子的心理特点，找对教育孩子的方法，这样才能真正教好孩子。

然而，许多父母总是抓住孩子的一些缺点或者弱点不放。有的孩子唱歌唱不好，父母就一直说自己的孩子不会唱歌，可能只是唱得不好的孩子就变得真的一首歌也不愿意学了，这样他们就真的不会唱歌了。这说明，如果父母太在意孩子的某一个缺点，这个缺点就真的会耽误孩子的成长。作为父母，总是一味地盯着孩子的弱点，总觉得自己的孩子一无是处，这样一定不可能把孩子教好。叶圣陶老先生曾说："一味地强调孩子的弱点，那么这个弱点将伴随孩子的一生。"

心理学家研究表明，自我意识在人的发展与成就中起着至关重要的作用。因为人的行为、感情，甚至才能，经常受到自我意识的支配。很多时候，你把自己想象成某一种类型的人，你就会按照那种类型的人的特征去行事，去塑造自己。如果把自己想象成成功者，你就会按照成功者的蓝图去施工，最终获得成功的概率就会很大。如果把自己认定为无所作为的人，你必然在生活中缺乏进取的干劲，最终可能会得到失败的结果。而孩子的心理发育还不成熟，在他们成长的过程中，父母的肯定是孩子前进的最大动力，如果父母总是在意孩子的缺点，并有意无意地提到孩子的缺点，孩子就会认为自己确实不行，从而失去自信心，逐渐地，真的就成为父母所说的那样的人。

　　所以说，孩子的心灵深处最强烈的渴望和所有的成年人一样——渴望得到别人的赏识。许多父母在孩子刚刚学会走路、学会说话的时候，本能地看到孩子的优点，总是会夸奖孩子的每一点进步，并为之自豪，在这样的教育中，孩子会受到鼓励。但是，随着孩子逐渐长大，尤其是在孩子上学之后，父母就开始不断怀疑孩子，认为孩子这也不行，那也不行，他们批判的目光总是盯在孩子的缺点上，却把赞扬的目光投在别人家的孩子身上。都说父母的目光就像阳光，照到哪里哪里壮。孩子就好比一棵果树，果树有果枝（优点），也有疯枝（缺点），如果阳光一直照在疯枝上，疯枝就会越长越壮，最后果树颗粒无收；阳光如果一直照在果枝上，果枝就会越长越壮，最后果树必将是硕果累累。

　　丹丹是个长得非常可爱的小女孩，上小学二年级。丹丹几乎是在赞美声中长大的，爸爸妈妈对她也是赞不绝口。但是，自从丹丹上小学之后，她就彻底被邻居家的小姐姐比下去了，爸爸妈妈张嘴就是"你看看人家学习多好""你看看人家钢琴弹得多好"……而自己什么都不会，学习成绩也一般，总是会被爸爸妈妈教训，丹丹觉得自己真的是太笨了，什么都学不好，难怪爸爸妈妈都不再表扬自己了呢。

　　这样的想法让丹丹很自卑，她走路的时候也不好意思抬头了，总是低着头。妈妈看到后说她："走路也没个走路的样子，你低着头怎么走路？不用看前面的车吗？"于是，丹丹就再抬起头来走。丹丹的头是抬起来了，但是丹丹的心却没有"抬"起来。丹丹的成绩每次都不好，其实她的语文成绩还是不错的，有的时候还能考班里的第一名呢，就是因为数学成绩太差了，所以总成绩也就不好了。每次考完试，丹丹拿回两张卷子，爸爸妈妈看到语文试卷也不说什么，但是一看到数学试卷，就开始唠叨个没完："你数学怎么考的，这么简单的题都能做错，数学就这么难吗？你看邻居家的小姐姐成绩多好啊！你没事就跟人家学学，让姐姐教教你啊！"

丹丹觉得数学确实不好学，可能自己真的学不会数学吧。于是，上数学课的时候，丹丹就算有听不懂的地方也不会问，觉得自己反正就是学不会，问了也是白问，就这样，丹丹的成绩逐渐开始下滑。现在，丹丹的数学成绩很难有及格的时候了。爸爸妈妈想给丹丹补习数学，丹丹也没有听的心思，还说自己就是学不会，不愿意学习数学了。妈妈回想丹丹刚上小学一年级的时候，有时数学单元测试还能考到 90 分，现在怎么连及格都难了呢？

为什么丹丹的数学成绩越发不好了呢？如果一开始父母能够鼓励丹丹，帮助丹丹分析数学没有考好的原因，而不是责备丹丹笨，那么丹丹就不会认为自己确实学不好数学，也就不会排斥数学。因此，孩子的一些缺点或者不足，如果父母反复提及，会让孩子的缺点和不足得到强化，而且还会伤害孩子的自尊心，使其丧失信心。

因此，赏识孩子才能教育好孩子。教育专家提出应该对孩子实行"赏识教育"。而心理学专家认为人性中最本质的需求就是人们渴望得到尊重和欣赏。"赏识教育"的特点就是注重孩子的优点和长处，让孩子在"我是好孩子"的心态中觉醒。心理学专家认为：赏识，其本质是爱。学会赏识，就是学会爱，换句话说，"赏识教育"就是爱的教育。

然而，中国人含蓄而内敛，情感不善外露。父母对孩子、老师对学生，责罚多、鼓励少，这样的做法在很多方面都挫伤了孩子的积极性。多少年来，责罚和抱怨教育一直盛行，它们最大的特点就是把孩子当成被动的受教育者，无视孩子的权益和个性，强调孩子的弱点和短处，因此导致中国孩子个性的缺失。当然，任何教育方式都有其局限性，"赏识教育"也是一样，如果父母一味强调孩子的优点，过分夸大孩子的长处，就容易让孩子形成"自我中心意识"，从而造成孩子自私自利、心胸狭隘、霸道的性格。因此，就算是"赏识教育"，父母也一定要掌握好一个"度"，虽是赏识，却不可过分赏识。

总之，如果父母发现孩子有问题，要采取"疏"的方式，而不能采取"堵"的方法。不良情绪会对人造成很大的伤害，一旦孩子有了情绪波动，父母应该给孩子提供一个安全的宣泄途径。父母一定要注意不要在外人面前或者直接在孩子面前反复强调孩子的弱点，对孩子进行否定评价，这样做会对孩子的心理造成很大的伤害。父母都应该从生理和心理两方面多关心正处于成长期的孩子，使他们能够顺利度过美好快乐的时光。

"冷暴力"危害大 •

"你看看别人家的小孩子多聪明啊,你都学了些什么呀?""如果下次再考试不及格的话,你就不用进家门了。""你的脑袋是被驴踢了吗?""都跟你说多少遍了,你怎么就不长记性呢?""你真是太让爸爸妈妈失望了,我们不管你了,你爱怎么样就怎么样吧。"……相信在许多孩子的成长过程中,他们都会听到父母这样的话语,这虽然不是对孩子进行"棍棒教育",但是这些语言对孩子的打击却一点儿也不亚于父母的棍棒。有关心理学家认为,这种现象属于家庭教育中的"冷暴力",也就是父母在教育子女的时候经常用语言对孩子施暴。

以前的父母都认为"棍棒底下出孝子",而现在的大多数父母舍不得对孩子动手动脚,于是就用"冷暴力"来对待犯错误的孩子。虽然没有了挥舞的棍棒,但是父母的嘲讽、恐吓仍然会像一把把锋利的匕首一样刺进孩子弱小的心灵,使孩子深陷自卑、自责的心理泥沼不能自拔,以至于一些孩子长大成人之后还深受其害。南京大学费俊峰副教授对此痛心疾首地说:"对于孩子,'冷暴力'给他们的身心带来的伤害更大,其隐蔽性也更强,许多孩子因此落下病根,甚至十多年后也未必能驱散这个阴影。"

从心理学的角度来说,家庭教育中的"冷暴力"对孩子其实是一种精神上的虐待。江苏省有关部门曾经对全省 4000 多名中学生进行过一次调查。经调查后发现，一般的家庭都存在"冷暴力"，其中，有 28.1% 的父母对孩子感到不满意的时候就会进行威胁和恐吓，有 17.2% 的父母对孩子采取不理不睬的态度，有 8.2% 的父母对孩子进行嘲讽和挖苦。很显然，"冷暴力"现象在家庭中已经是非常普遍的了。处在成长期的孩子心理发育尚未成熟，而孩子一般对父母有崇拜的心理，因此，父母不经意的一句话都会被孩子看得非常重要。此时，如果父母采取"冷暴力"的教育方式，很容易让孩子产生自卑心理或者患上自闭症。

那么，家庭教育中的"冷暴力"对孩子究竟会造成什么影响呢？有关专家认为："冷暴力"会潜移默化地影响孩子的性格和成长，可能会导致孩子产生退缩性人格，或性格暴躁、富有攻击性。所谓退缩型人格，就是说孩子长期不自信，有浓厚的自卑感，不敢与人交流。性格暴躁的孩子，他们的内心充满"攻击性"，性格偏激，心胸狭隘，容不得别人有不同的意见，对他人和社会可能会采取过激的行为。从孩子的心理特点上我们应该有所了解，年龄较小的孩子有很强的模仿性，他们会模仿父母的行为和语言，从而变得很容易像父母一样暴躁，动不动就会嘲讽和打击别人。另外，由于孩子非常在乎自己在别人心目中的形象，而父母往往是孩子崇拜的对象，因此孩子更加在乎自己在父母心目中的形象。如果父母对孩子进行冷嘲热讽，对孩子进行打击和数落，孩子可能就会认为自己的确不行，从而逐渐失去自信心，进而变得自卑和自闭。

瑞瑞的父母十分关注他的学习情况，为了能让瑞瑞有一个好的学习成绩，爸爸专门在学校附近租了一套房子，全家搬到学校附近住。而且，每天放学回家后，在完成老师布置的作业之后，爸爸还会再给瑞瑞辅导一个小时。周末，瑞瑞还要参加各种课外辅导班，他几乎每天都是在学习中度过的。

瑞瑞说自己从来没有过过暑假和寒假，每次到假期的时候，他比上学的时候还累，要学的东西更多。瑞瑞的成绩不错，几乎每次考试都在前几名。

但是，也有让瑞瑞受不了的事情，就是只要自己考得不好，妈妈就会大嗓门训斥他，说得好像瑞瑞一无是处一样。就算瑞瑞作业有一处小的错误，爸爸或者妈妈也会说他："你眼睛长到哪里去了？这么大的错误你看不出来吗？"

有一次，瑞瑞的考试成绩下降了5名，这可了不得了，妈妈将试卷扔在瑞瑞的脸上，说："你对得起爸爸妈妈的付出吗？你就这么没有本事是不是？下次你要是再考成这个样子，以后就不用上学去了，去了也是白去，花那个冤枉钱干什么？"

爸爸妈妈总是这样，只要自己稍有不好，他们就会大声训斥。瑞瑞整天唯唯诺诺的，就知道看书学习，不知道怎么和同学相处，看到别的同学都是三五成群地玩闹，瑞瑞羡慕极了，没有人邀请瑞瑞一起玩，因为大家都知道，瑞瑞是个书呆子。这让瑞瑞十分自卑，觉得自己真的除了学习一无是处，有时学习还学不好，自己真的是太笨了。瑞瑞越是这样想，心里就越焦虑不安，上课的时候他也不能好好听讲了，满脑子都是爸爸妈妈说自己的那些话，还有同学们说他是书呆子的话。渐渐地，瑞瑞不愿意和同学接触了，总是放学就自己跑回家，他也越来越暴躁，心里好像有一团火，不知道怎么发出来。

瑞瑞原本会成为一名学习非常好的孩子，因为他本身就很努力。但是因为爸爸妈妈管教太严，而且他们经常对他实施"冷暴力"，让瑞瑞不堪压力，产生了心理问题，瑞瑞的成绩自然就会下滑，那么父母又会对瑞瑞实施"冷暴力"。在这样的恶性循环中，受害的是瑞瑞。

当然，除了家庭中的"冷暴力"，近年来，校园中的"冷暴力"也越来越受到人们的关注，有些老师对于学习不好又很调皮的学生往往会采取一种放任自流的态度，就是既不打也不骂，只是把他们的座位调到最后一排，上课的时候几乎不会叫他们起来回答问题，仿佛他们不存在一样。另外，也有一些老师习惯以一种高高在上的姿态站在孩子面前，对孩子非常严厉，往往把教育变成了教训。

然而，"冷暴力"并不能教育出好的孩子，尤其是对处于成长期的孩子，这个时期的孩子需要父母和老师的关怀，他们需要鼓励、需要赞赏。"冷暴力"只会让孩子越来越糟，而且给孩子的心理造成很大的伤害。所以，父母要想在对孩子的教育中取得好的效果，就必须多关注孩子的情感需求和心理需求。多和孩子沟通，用关爱的语言代替嘲讽和威胁，多赏识和赞美孩子，那么，孩子才会健康快乐地成长。

为什么孩子总是不理解父母对他的好 ●

　　许多父母觉得自己做的每一件事都是为了孩子好，很多时候孩子却并不领情。其实，这是父母和孩子之间的沟通出了问题。如果父母和孩子沟通不畅的话，很容易就会出现父母觉得孩子一点儿也不理解自己，而孩子反过来觉得父母不懂自己。这是因为双方站在不同的立场，而且他们生活和成长的背景都不同，所以父母和孩子之间很容易就会出现代沟。尤其是孩子进入初中阶段以后，他们的心理逐渐成熟，自我意识的增强使得孩子试图独立，并坚持己见，这时孩子和父母可能会有不同的想法，如果双方不进行良好的沟通，都只是按照自己的想法行事，那么他们之间必然会产生矛盾和误会，双方可能都会认为对方不理解自己。很多时候，父母仗着自己年长、经验多，或是觉得自己有权威，就武断地替孩子做决定，认为自己比孩子思考得更全面，而且自己这么做正是为了孩子好，孩子有什么理由不听自己的话呢？

　　但是，父母却忽略了一点，孩子已经长大了，心理已经发生变化了，开始有了自己的想法，而且孩子认为自己的想法是正确的。当父母忽视了孩子的想法时，孩子就会觉得自己没有受到父母的尊重。在某些情况下，父母认为自己这样做是对孩子好，但是实际情况可能并非如此。父母不是孩子，父母可能并不知道事情发生时的实际情况，如果父母不问孩子的想法就自以为是地替孩子做决定，难免会引起孩子的反感。

只有在双方都认同都接纳时，沟通才是最有效的，这种表达爱的方式才算是成功的。父母自以为对孩子好的事情，在孩子看来却并非如此。因此，父母应该多倾听孩子内心的想法，了解孩子到底是怎么想的，为什么会抵触父母认为的"为孩子好"的决定。或许在听到孩子的解释后，父母会恍然大悟，察觉到自己想法的错误。

所以说，了解孩子是教育孩子的前提。其实，想要了解孩子并不是很困难的事情，父母只要平时多观察孩子的一举一动，关注孩子的情绪变化，认真体会孩子的各种心态，仔细考虑孩子的各种要求，走进孩子的内心世界，这样就不难弄清楚孩子的一些行为和问题了。父母在了解了相关信息之后，应该如何与孩子进行沟通，如何引导孩子，就是一件很简单的事情了。

晚晴是一个非常漂亮的女孩，她多才多艺，会跳舞，还会弹钢琴，到了初中以后，晚晴的钢琴演奏水平已经非常高了，许多同学都听过晚晴弹钢琴，大家都说她跟电视上的演奏家一样厉害。虽然有些夸张，但是晚晴的确是个非常有音乐天赋的优秀人才。晚晴自己也非常希望能有更好的发展，但是爸爸妈妈却希望晚晴能在学习上多下功夫，而不是在才能上。

上初中之后，晚晴的课业负担重了，就没有那么多的时间来培养自己的兴趣爱好了。而且爸爸妈妈也对她的学习有很大的期望。学校里有专门的老师教钢琴课，愿意学的学生可以去学，这样考高中的时候还可以加分。晚晴也想去学，但是爸爸妈妈坚决不同意，认为只有学习好才是真本事，那些特长不值得一提。

于是，晚晴经常偷偷在放学后跟着学习钢琴的同学到琴房去练习，为此有好几次晚晴的作业都没有完成。后来，爸爸发现了晚晴的秘密，结果在家好好教育了晚晴一番。晚晴觉得爸爸妈妈不理解自己，不尊重自己的爱好和选择。于是，她就不再听爸爸妈妈的话，经常不上课去跟同学们练习弹钢琴，造成她的成绩下滑了很多。

一次期末考试，晚晴的成绩落到了班里的后段，爸爸妈妈整个暑假都把晚晴关在家里，不允许她外出，让她在家里学习。有同学来找晚晴玩，爸爸妈妈也不让晚晴出去，晚晴觉得自己在同学面前非常丢脸，爸爸妈妈实在太过分了。

当天晚上，晚晴就用不吃饭来向爸爸妈妈表示抗议，但是爸爸妈妈觉得晚晴不知悔改，而且以为孩子饿一顿两顿也没什么关系，他们就没有管晚晴。晚晴觉得爸爸妈妈一点儿也不关心自己，只是想让自己学习好给他们争面子。当天晚上，晚晴割腕自杀了，等爸爸妈妈发现时，晚晴已经没有了呼吸。

如果晚晴的爸爸妈妈不那么固执，如果他们对孩子有足够的了解，发现孩子的特长，并鼓励孩子发挥自己的特长，去追求自己的梦想，结局也许就会不一样了——晚晴也许会走上舞台，取得辉煌的成就。

正如一位心理学家所说："成功就是选择，一个人如果选择了适合他的道路，他就会成为天才，成为幸运儿。但如果一个人选择了不适合他的道路，他也许就成了蠢材，甚至成为一个悲剧。"晚晴的命运就是如此，由于她的父母为她选择了一条不适合她的道路，让她的天赋无处施展，最终导致了她选择自杀这样一个悲剧。

所以说，教育孩子的前提是了解孩子，这是教育最基本的原则。孩子的成长是有规律的，孩子的心理是不断发展的，虽然孩子是千差万别的，但是教育的原理却是相同的，那就是要根据孩子的心理特点来进行培养。

所以，在父母和孩子的沟通出现问题的时候，父母一定要先反省自己，是不是自己没有尊重孩子，是不是自己没有询问孩子的想法就替孩子做了决定。如果父母以为孩子年龄小，没有自己的想法，直接为孩子做了决定，或者命令孩子做事情，孩子会认为父母不尊重自己，从而产生逆反心理。父母作为成年人，具有分辨是非的能力，孩子小，在遇到问题时他们可能确实没有父母考虑得全面，但这并不是说父母就是权威，父母一定就不会出错。孩子有自己的想法，父母不妨让孩子自己去尝试，不要以权威的口吻否定孩子的想法，更不要以"我是为了你好"的理由来强制孩子听自己的话。当然，如果孩子要做的事情具有危险性和不可执行性，父母可以平心静气地和孩子沟通，向孩子耐心地解释自己拒绝的理由，从而以理服人。

学会放手，让孩子决定自己的事情 ●

经济条件上的富足和父母对子女的过分宠溺，使现在的青少年更多地像父母手中的宝贝。青少年生活在父母的看管、监视、溺爱之下，自己没有自由，慢慢地形成了生活的、心理的依赖，长期的依赖使他们缺乏独立性。

生活中，许多父母怕孩子选择错误，从来不给孩子选择的权利，不让孩子做一些自己喜欢的事情。其实，如果孩子已经进入初中阶段，就有了一定的是非分辨能力，加上这个时期的孩子普遍比较叛逆，想要有自己独立的生活空间。所以，父母在孩子进入初中阶段以后，应该多听听孩子的想法，尊重他们的选择和意见，父母过多地干预，孩子可能会失去生命的价值和意义。

小夏的爸爸妈妈都是事业有成的人，爸爸是个自己创业成功的企业家，妈妈是一个公务员。爸爸妈妈从小就给小夏提供了优越的环境，想要把小夏培养成为一个杰出的人才。小夏从三岁开始学习爸爸妈妈要求的各种领域的东西，上小学以后非常注重学习成绩。小夏特别听话，完全按照爸爸妈妈的要求来做，无论是学习还是其他特长，小夏的表现都很优秀。

可是到了初中以后，小夏开始排斥爸爸妈妈安排的这些学习项目，并有自己的想法。有一阵子，小夏沉迷于烘焙，经常自己在家里做各种面食，做好后就给爸爸妈妈尝一下。

刚开始，妈妈还夸儿子懂事。可是当知道小夏长大后想做一名面点师的时候，爸爸妈妈坐不住了，开始轮番批评小夏没有出息、没有理想，从此不准小夏再进厨房半步。

　　小夏感觉自己完全就是爸爸妈妈的布偶，没有任何自主的权利。为了反抗父母，他开始不认真学习，课下也不再参加任何辅导课，没过多久，小夏的成绩就下滑了一大截。爸爸妈妈看到小夏这样颓废，便更加严厉地管教他。妈妈每天亲自监督小夏的课下辅导，请了家教来家里给小夏一对一辅导功课。小夏完全像是在一个牢笼里，受不了这样的管束。一天放学后，小夏没有回家，离家出走了。

　　从这个例子中，我们不免要深思，面对孩子的人生选择，父母要如何去做呢？是尊重还是阻止？显而易见，一味地阻止并不能带来父母想要见到的结果，还可能迫使孩子做出更多过激的行为，到时候，父母恐怕会追悔莫及。

　　就算孩子没有反抗，而是逆来顺受地接受了父母的建议，遵循父母设定好的人生轨迹走下去，这样，孩子的人生就会成功吗？答案是否定的。他们过多地依赖父母，只会让他们失去独立性。很难想象，一个没有独立欲望、没有基本生存能力的人会有创造欲望和创造能力。而一开始就会选择的孩子经常为自己的人生选择而忙碌，尽管他们曾遭遇过无数的挫折，曾碰得"头破血流"，但是，他们的挫折会换来成就。所以，他们的生活是充实的，他们体会到了生命的真谛。

生活中，初中阶段的孩子正处于学习的重要阶段，由于学习任务比较重，他们并没有过多的属于自己的时间和空间，可以去做自己想做的事情，这对于孩子的成长并不利。这个时候，父母应该多给孩子一点儿自己可以决定的时间和空间，不要再过多地干涉孩子，让他们在自己的小天地里，决定自己想要做的事情。这样既可以锻炼孩子的自主意识，又可以避免家长过多干涉造成孩子的叛逆。

当然，随着孩子的逐渐成长、经验的增多，孩子做决定的能力也会逐渐提高。只要父母给予充分的支持，孩子就能收获更多的知识和丰富的经验。知识增加了，经验丰富了，孩子的心理发展就更成熟了，做好孩子的心理医生，也不再是什么难事了。

第三章

帮助孩子顺利走过"动荡的青春期"

给孩子上性教育课，让孩子正视身体发生的变化 •

张老师正在讲台上滔滔不绝地向同学们讲述八国联军侵华的史实，却发现林扬有点儿心不在焉，完全没有在听讲。课后，张老师将林扬在课堂上的表现告诉了班主任秦老师。秦老师也发现了，最近两个星期，林扬上课经常走神，脸色也不是很好，还经常称不舒服请假。秦老师几次关心地询问林扬是不是生病了，要不要去看医生，每次林扬都涨红了脸，连连摇头。秦老师觉得很奇怪，以前他可不是这样的。最近是怎么了？秦老师决定找林扬的父母谈谈。

林扬的父母跟老师说了一些林扬在家的反常表现：经常锁着房门不让父母进去，甚至还自己洗床单、被套，这在以前可是从来没有的。细心的秦老师似乎明白了什么，追问道："你们是否发现林扬有过遗精的现象呢？"林扬的父母愣了一下，不好意思地说："上个月我给他叠被子时，发现床单上有块污渍，就告诉了他爸，他爸还笑他早熟呢。"

"那当时林扬怎么样？"秦老师又问。

"很不好意思，什么话也没说。唉，现在的孩子，才12岁，就……"妈妈觉得不可理解。

"那他锁门，洗被子是不是那次遗精以后的事情？……"

在秦老师的追问下，林扬的母亲才意识到儿子最近一段时间表现异常的原因了。

"那你们给他讲过这方面的知识吗？"秦老师问。

"这还要讲啊？以后慢慢地不就知道了。再说，这些事怎么对孩子讲啊？"秦老师愣住了。

其实，父母不知道的是，最近一段时间，林扬已经陷入了深深的自责之中，他为自己的行为感到很愧疚，有一种罪恶感，甚至，他觉得自己很下流……

生活中，可能很多青春期的男孩都有过林扬的这种困惑和烦恼，包括一些青春期的女孩，她们也有自己的苦恼和困惑。

青春期是儿童发育到成人的过渡阶段，是人体成长发育的最后阶段，伴随着青春期的到来，孩子们的身体快速发育成长，他们会产生一连串的疑惑、烦恼、惶恐，甚至伴随着严重的焦虑，影响了他们的日常学习和生活。而青春期的烦恼与焦虑正是由于缺乏适时、适当的性教育引起的。

据调查，很多家庭中父母从来不对孩子进行性教育，当被好奇的孩子发问时，父母不是躲躲闪闪，引开话题，就是自作聪明地欺骗孩子。对孩子的生长发育、身体变化进行因势利导的性教育，这原本是十分自然的事情，但在很多家庭却被忽视了。林扬第一次遗精后，爸爸竟然笑话他早熟，这使得他产生了强烈的耻辱感，似乎性的发育是他的罪过。试想，如果林扬的父亲不是嘲笑（当然，这种嘲笑并无恶意），而是拍着儿子的肩膀说："儿子，爸爸恭喜你，你已经是个男子汉了。"同时，再给他讲一些有关的知识，那么林扬的心态就一定不是罪恶感、挫折感，而可能会是骄傲感和成就感，更不会产生一系列的烦恼、困惑和焦虑了。其实，不仅仅是青春期孩子需要性教育，性教育应该开始于儿童和少年时期，妈妈应积极参与性教育，使孩子从小就得到正确的性教育。

心理学家认为，要根据孩子的年龄对孩子进行不同内容的性教育。5岁前的孩子，性教育主要是解决性别认同问题。父母应在洗澡、睡前很自然地让孩子认识自己的身体，不要有意地把女孩扮成男孩或将男孩扮成女孩，以免孩子从小对自己和他人形成性朦胧意识，从而影响孩子的性取向。

6～10岁的孩子，这期间父母要对孩子进行较系统的性知识教育。此时，可借助自然现象、童话、寓言故事，采用比喻的手法把性教育内容穿插其中。家长可以从植物开花结果讲起，接着联系到人的性与生殖。可以这样说：一位漂亮的姑娘春天把西瓜种子种到地里，之后她每天都给种子浇水、施肥，种子慢慢长出绿色的叶子。到了夏天，叶子上结出了小花，花谢了就变成了小西瓜，小西瓜越长越大就变成熟透的香甜可口的大西瓜，这个时候就可以摘下来吃了。妈妈在肚子里也种了一粒种子，在妈妈的精心哺育下，这粒种子慢慢长大，十个月后就变成了一个小人，然后妈妈就把他摘下来，于是这个世界上就出现了活蹦乱跳的宝宝。

11～15岁的孩子，这期间妈妈应主动关心询问孩子的性困惑。有一个男孩睡觉时遗精，他认为是生病了，非常担心，又不好意思告诉妈妈，自己在书摊买来不健康的书籍想从中找到答案。一日，妈妈整理他的房间时，发现孩子在看一些不健康的书籍，妈妈这才意识到该告诉孩子一些正确的性知识了，但是妈妈都不好意思向他讲性知识。最后，这位妈妈买来有关青春期性知识的书籍放在孩子的桌上，并通过书信的方式与孩子交流。

需要强调的是，对孩子的性教育，要及早开始，要有系统、循序渐进地进行。另外，性教育的重点，并不只是传授与性有关的知识而已，更要培养对性的正确认识和健康的性心理，包括可以正视自己身体的变化，大方、坦然地讨论与学习，要及早让孩子明白，性并不神秘，更不污秽。

"性教育"问题上——保护闺女，尊重儿子

怎样进行性教育？这是目前很多家长和老师都在讨论的问题。

在我国，怎么和孩子说性还是一个大疑惑。其实，家长也不用特意说这个问题，但是，一旦家长觉得孩子可能对这个方面有

疑惑的时候，就要勇敢地正视孩子的成长和变化。

性教育方面出现的问题，在男孩和女孩的身上表现是不一样的。一般来说，女孩的问题，主要是自我保护。

有的女孩比较开放，也从来没有注意过性别差异的问题，可能有的早熟的男生对她有意思，她却没有防备，这时候就需要家长站出来引导她。对于年龄较小的女孩，有的家长交代的是"凡是衣服遮住的地方，都不能给别人看，更不能让别人碰"，这样孩子就有一个执行标准；年龄较大的女孩子，这时候要和她交流孕育生命、十月怀胎的辛苦和不易，更要让她知道，性关系对女性的影响，需要承担的东西，所以女孩子要保护好自己。

对女孩的建议，不仅光说"你是个女孩子"。这样一句没有下文的话，并不能让她明白性别差异，所以还是要讲清楚：女性是容易受伤害的，身体上的伤害和心理上的伤害，都会影响她的一生。

相对于女孩来说，男孩更开放一些。男孩之间，会私下讨论"性"这个话题。其实，只要男孩是一个正常的青春期少年，他就肯定会充满好奇心，会想弄明白性这个东西，所以，家长可以早早告诉男孩一些"性"知识，这样他会少走一些弯路。

成绩一向优异的小迪在初三上学期突然间成绩滑坡，他甚至都不想上学了。起初，父母还以为是学习压力大，他不适应初三生活。但3个月过去了，小迪的成绩仍然没有提升，班主任老师给小迪的妈妈打来电话，说小迪上课总是走神，有点儿精神恍惚。

小迪的妈妈这才着急了，周末下午，妈妈想和小迪好好谈谈。没想到她还没张口，小迪就先哭了，一边哭一边说：妈妈对不起，我是个道德败坏的坏男孩。

听儿子这么说，妈妈愣住了。她急忙把他抱在怀里，对他说："宝贝，快告诉妈妈发生了什么事，不管如何，妈妈都会原谅你的。"

小迪说："自从初二下学期，我就经常陷入了性幻想之中。一开始，还能控制自己的理智，但逐渐就控制不了了，每时每刻都在想那些事，像强奸啊什么的。其实我也不想这样，可就是不知道怎么控制自己的思想。"

小迪说，这件事让他非常痛苦，他觉得自己年龄这么小，就想这些肮脏的事真的是道德败坏。他不敢对任何人说，他怕所有的人都瞧不起他。

其实小迪现在的状况是典型的强迫症倾向。但是如果他能够很早就知道一些关于"性"的知识，也就不会因为"性心理"的被压抑而产生这种状况。性既不神秘，也不龌龊。家长不要让孩子觉得这是特别下流的东西，如果家长和孩子都能平静地对待它，把它当成饥饿、疲乏这种生理现象来认识，孩子的身心发展将会更加健康。

家长千万不要再把男孩们当成小毛孩，对男孩的关注上也应注意提醒他们注意身体，不要太过疲劳，或者在选购内衣的时候，尽量选择较为宽松的等，而且要及时对男孩进行较系统的性知识教育。家长要避免直接、详细地介绍人类的性行为，否则很容易给这个年龄的男孩带来心理阴影。在性知识教育的同时，还须进行性道德教育，避免男孩因为性冲动犯下过错。

家长不要等到男孩问才说关于性的一些问题，可利用身边或社会上发生的事件与男孩一起进行讨论。并且告诉男孩一些自己的想法和正确的性观念。如果一味地在男孩面前遮掩性这个问题，只会越变越糟。

正确看待孩子青春期对异性的好感 •

无论在老师还是在父母心中，楠楠都是一个聪明、文静、听话的女孩。从小学三年级开始，楠楠就开始担任班长，一直到初中。班主任老师夸她有写作天赋，她的每一篇作文都被老师当作范文在班上朗读。不仅如此，楠楠的其他各门功课的成绩也很优秀，还很乐于助人。班主任老师经常夸她是老师不可多得的好帮手。但是，自从班上转来一个帅气阳光的男孩后，楠楠似乎发生了一些微妙的变化。

楠楠变得爱打扮了。以前一直梳着马尾辫的她现在经常变换自己的发型，一向穿着朴素的她现在每天都要换一套衣服。而且，任课老师也反映，最近一段时间，楠楠上课总是走神，经常一个人发呆，最严重的是楠楠的学习成绩出现了明显的滑坡。

让人感到奇怪的是，楠楠以前很讨厌上体育课，也不喜欢运动，经常找各种各样的借口逃避体育课。但是最近一段时间，每次体育课，楠楠都很认真，并且经常去操场做运动。

班主任老师对此感到很纳闷，一面找楠楠谈话，一面把情况反映给了楠楠的父母。楠楠的父母最近也发现她有些反常，经老师这么一说，更觉得吃惊。经过一番观察，父母得出了一个结论：楠楠早恋了。

于是父母对楠楠进行了一次严厉的"审问"，并且毫不留情地翻看了楠楠的书包、书柜、书桌等，终于在一个抽屉里发现了"罪证"——一本厚厚的日记。在日记里，楠楠用细腻的笔触描述了她对新转来的那个男孩子的爱慕之情以及她现在面临的烦恼。

楠楠的父母在看完这篇类似"情书"的日记之后，大惊失色，又气又恨："你小小的年纪，怎么写出这种东西！我们都替你感到害臊！"一向温顺听话的楠楠这次一反常态，涨红了脸申辩道："我做错了什么？我就是喜欢他！他是我心中的偶像！"说完，跑进了自己的房间。

早恋是青春期性成熟过程中，两性之间出现的一种过度亲密的互相接近。现在大多称早恋为"交往过密"。少男少女因为性发育开始成熟，本能地产生互相爱慕的情感。有的人表现为独自的单相思，有的人突破了羞涩的束缚，递纸条、约会、互相倾吐爱恋之心，借口互相帮助，形影不离，个别人则还发生进一步的两性接触。

异性相吸是自然界中的普遍现象，处于青春期的孩子，随着性意识的渐渐觉醒，朦胧中对异性产生了渴望和爱慕，这也是一件很自然的事情。每个父母都是从青春期走过来的，回忆一下我们的青春时代，就该知道中学生这种情愫的萌发是多么正常，所以，父母在孩子情感发育时，为什么不可以给出更多的理解呢。

确实，早恋是现在令父母头疼的一个问题，并且有低龄化的趋势，不闻不问吧，总觉得会耽误孩子的学业；过问吧，又怕逼急了，孩子离家出走、自杀，造成不好的后果。很多父母就是想阻止孩子早恋，却用错误的方法推了孩子一把，使孩子不由自主地掉入漩涡中。

有的父母小题大做，把孩子的正常交往，如相聚聊天、结伴游玩、一块儿看书、做作业等误认为是早恋，从而加以指责；有的妈妈错误地认为，男女同学在一起就必定是"早恋"，因而忧心忡忡，疑神疑鬼，不让孩子随便出去，平时也不让孩子与异性同学结伴回家；有的父母发现孩子跟异性有一些接触后，竟然对孩子冷嘲热讽或者破口大骂，甚至带有侮辱性字眼。这些父母用成人庸俗的观念，把孩子们一些原本正常的行为恶俗化了，人为地制造了孩子的罪恶感。他们本想阻止孩子早恋，但殊不知很可能把孩子推向了早恋的深渊。

因为人是容易受到暗示的，如果一个人总是被别人暗示他的品性有问题、行为不端正，他就会不断地自我否定，认为自己就是这样的"坏"人，久而久之，他也许就真的变成人们所说的"坏"人了。

所以，父母千万不要认为孩子的早恋很可怕，不要破坏孩子内心的纯洁。父母应该相信自己的孩子，在一般情况下，男女同学的接触是很正常的，不敢接触才是不正常的。如果发现孩子与某一异性交往过密，就应该巧妙地加以引导，让孩子懂得，异性交往不要太集中于某一个人或一个小范围，否则会失去与多数同学、朋友接触的机会。

孩子的早恋往往与生活单调、没有目标有关，因此，充实孩子的生活，帮助孩子寻找生活的意义，可以有效地转移孩子对"早恋"的注意力。

此外，父母应该多和孩子沟通、交流，组织一些家庭集体活动，增进妈妈与孩子之间的感情，以便能及时了解孩子的心理和情绪变化，及时教育；同时也能增强家庭对孩子的吸引力和妈妈在孩子心目中的威信，避免孩子过多地从外界寻求关怀与理解。

和早恋孩子讨论一下什么是爱情 ●

处于青春期的孩子容易情感冲动，十分脆弱，情绪又不稳定，考虑问题简单，很少顾及后果，这种心理状况使早恋好像天边的浮云一样变幻莫测，早恋者的情绪也会随之波动起伏，彼此之间感情往往反复无常。

长期以来，家长们一向把早恋视为洪水猛兽，过度担心早恋会影响孩子的学习和成长，所以只要一有点儿什么风吹草动便会全家出动制止，尽管采取种种措施严加防范，但早恋还是不期然地走近了正处于花季的少男少女。

有些家长从不对孩子讲述有关"爱情"的话题，对其讳莫如深，似乎"爱情"两个字是病毒、是细菌，捅破了这层纸，孩子就会被感染，失去抵抗力。可是，家长越是遮着藏着，孩子越是容易出问题。其实，这就是家长忽视对孩子进行"恋前"教育的结果。

但是，要和孩子谈"爱情"这个话题时，家长多少都会面临尴尬，主要原因大多是："不习惯"。一位妈妈面对早恋的宝贝女儿，突破了"不习惯"的局限，语重心长地告诉孩子妈妈眼中的爱情：

"女儿，听别人说你谈对象了，呵呵，其实这并没有什么不正常，但我需要提醒你的是，现在还不合时宜。因为你目前正处于人生的关键时刻，正需要投入全部的精力在学习上，所以就不妨等过了这一关再说。

"况且，人是要经历不同的人生阶段的，而阶段最多、变化最快的恰恰是这五六年光景。随着学习环境和工作环境的变化以及你自身素质的提高，你对异性的认识和审美也会发生变化。所以现在如果过分地投入就有着很大的盲目性，当然，我不是否认初恋的纯真和圣洁，关键是当它影响了你现在的学习进程时就应该注意到这个问题了。

"我们再说说择偶标准吧，先说我们的态度，我和你父亲一样会尊重你的选择，但是我们会给你提出一些建议来供你参考。

但可能你们会被男孩英俊的外表所吸引从而忽略了内在的修养，这是比较危险的，因为英俊只会是暂时的，外在的，时间一久你的审美也会疲劳的。当两个人真正走在一起的时候便会更在意对方的脾性是否会合乎自己的意愿，而脾性的层次则是由修养的程度所决定的。

"随着人生境界的转换，每上升一个层次你都会发现并结识更好的异性，而这时你最早的初恋就可能会因为时间和空间的转换而成为你感情的牵绊。所以，作为母亲我建议你把目前可能存在的爱情淡化为友情先珍存起来，等到你学业有成、工作稳定，特别是待到你的情感世界丰盈成熟时再来审视这份感情，如果依然难舍就再续前缘，如果感到似过眼云烟那就让它随风散去吧……"

困惑、羞涩的女儿，听到这些脸上露出了真诚的微笑，似乎明白了很多……

这位妈妈诚恳的话语点拨了处于爱情幻想中的女孩，让她对人生与爱情有了重新的认识。这位妈妈的做法很值得借鉴，家长们应该像她一样，多和孩子沟通、交流，了解孩子的心理和情绪，及时帮助孩子找到解决问题的方法。适当的时候，和孩子讨论一下什么是爱情，以帮助他形成正确的爱情观。

另外，当发现孩子早恋的时候，家长不应该大惊小怪，反应过激，要知道，青春期的孩子对异性产生好感是再自然不过的事情，对异性有好感，并不意味着一定会早恋，一定会有什么恶果。

而有些妈妈就错误地认为，男女同学走得近一点儿就是"早恋"，所以她们不让孩子与异性同学一起结伴上下学，更不让孩子出去跟异性同学玩，经常打电话追问孩子的行踪，有异性同学打电话来也不让孩子接……家长们的做法势必会对孩子造成心灵伤害，孩子既觉得没有受到尊重，又觉得自己的自由被剥夺了，于是孩子必定会对家长产生反感。

　　其实，早恋是防不胜防的，家长不可能24小时都能控制住孩子，而且有的孩子因为厌恶家长的控制，故意反叛地早恋起来。所以，对待孩子与异性同学的接触，家长应该给予引导而不是盲目禁止。当家长发现孩子与某个异性同学交往过密时，应该处变不惊地巧妙地加以引导，让孩子把注意力转化到其他方面上来。

　　有位妈妈的做法就十分高明：

　　一次，这位妈妈偶然发现女儿早恋，对此，她不仅没有斥责女儿，反而比过去更加关心女儿，知道女儿喜欢语文，便鼓励她去参加年级朗诵组，还启发女儿写日记，写作水平得到了迅速的提高。

　　于是，女儿的习作频频出现在班级的墙报上。女儿开始由一对一的交往转向了集体，常为班级做好事，而且在一次班干部选拔中被同学们推荐当了生活委员。

　　期末考试时，女儿的成绩比以往有了很大的进步，进入了年级前5名，还被评为了三好学生。

　　现在，学习、集体活动几乎成了女儿的主要活动，当初对异性的爱慕心理也渐渐平息、淡化。

早恋是现在令家长头疼的一个问题，也是家长需要用智慧来面对的事情。如果家长置之不理，或者反应过激的话，都是对孩子不负责。家长们摆正自己的心态，适当地和孩子讨论一下爱情，是引导孩子形成正确爱情观的最佳途径。

"异性效应"对培养青春期孩子是有益的 •

心理学家曾做过一个有趣的试验：将男女中学生按性别分成两组劳动，发现两个小组的纪律都比较松散，劳动效率低，男生追打现象严重，女生懒散无力。后来将男生、女生混合分为两个小组，情况就大有改观：两组同学劳动热情高涨，互帮互助，自发开展了劳动竞赛。劳动结束时，同学之间还打趣地说："今天的活儿干得可真快啊！"

这就是心理学中所讲的"异性效应"，也就是我们平常所说的"男女搭配，干活不累"。与异性朋友结交，在一定程度上可以激发一个人的潜能，使其更敏捷、更加活跃。有男女一起参加的活动，一般人会感到心情更愉快，表现得也更起劲、出色。

所以，家长并不要过度排斥男女一起参加活动，反而要顺势利用"异性效应"来培养孩子。因为"异性效应"对培养青春期孩子是极其有益的，具体表现为以下 3 个方面：

1. 利用"异性效应"取长补短，丰富完善个性

进入青春期的男孩往往性格开朗、勇敢刚强、果断机智，不拘泥于细枝末节，不计较点滴得失，好问、好动、好想。当然也有的男孩粗暴骄横，逞强好胜。女孩往往文静怯懦、感情细腻丰富、举止文雅、灵活、委婉，让其与异性同学交往，往往易于发现对方的长处和自己的不足，更有利于相互学习、取长补短，丰富完善自己的个性。

2. 利用"异性效应"提高学习与活动效率

男孩在思维方法上偏重于抽象化，概括能力较强；女孩在思维方法上多倾向于形象化，观察细致，富有想象力。男女同学在一起学习，就可以相互启发，使思路更加宽阔，思维更加活跃。思想观点互相启迪，往往能触发智慧的火花。

3. 利用"异性效应"提高自我评价的能力

青春期，由于性意识的发展，孩子们往往会非常留心异性同学（特别是自己喜欢的异性）的一颦一笑、一举一动，喜欢对异性同学评头论足，同时也很重视异性对自己的评价。某班的宿舍卫生总是搞不好，不少学生不叠被子，床铺弄得乱七八糟，老师想了个办法，每个学生都在自己的床上贴上名字，检查卫生时，男学生检查女生宿舍，女学生检查男生宿舍。由于谁也不想在异性同学面前丢丑，因此宿舍卫生大为改观。

由于"异性效应"，青春期的男女学生都希望引起异性的关注，都希望能以自己的某些特点或特长受到异性的青睐。这种相互激励就成为男女同学发展的动力和"促进剂"。如果妈妈意识不到

与异性交往的这种积极作用，一味将异性交往认定为有害的、可耻的行为，不仅会伤害到孩子的心灵，而且也不利于孩子的发展。所以，当孩子与异性同学交往时，妈妈不妨顺势利用"异性效应"的积极作用来培养孩子，同时，也向孩子传输正确的异性相处观，让孩子坦然地、正当地、很好地与异性相处。

青春期"坏孩子"不是扶不起的烂泥 •

进入青春期的小栩让妈妈非常头痛，初一那年，他迷上了电脑，天天放学回家就坐在电脑面前，妈妈不让他玩电脑，他就趁妈妈不在的时候玩，或者是跑到网吧去玩，妈妈对他管得越严，他就越想方设法跑去玩，甚至有的时候不上晚自习，悄悄跑去网吧玩电脑，妈妈知道后，火冒三丈，跑到网吧把小栩揪出来，破口大骂："你这个不争气的孩子，你是想气死我啊！不好好学习，居然敢逃课来玩游戏，这到底是有什么好玩的？""妈妈，我不是玩游戏，我是在学东西！你不要污蔑我！"小栩又气愤又委屈。"还敢不承认，要不是玩游戏，你会这么痴迷吗？走，回家去！以后再也不准玩了。"俗话说：上有政策，下有对策。妈妈不让小栩玩电脑，小栩还是会想尽一切办法偷偷玩，妈妈很伤心，感慨怎么以前那么乖、那么爱学习的孩子现在这么坏、这么贪玩呢？

5年后，小栩在反叛妈妈的过程中长大了，考上了全国最好的动画设计专业，他的作品获得了很多奖，而妈妈也终于知道了原来孩子真的不是在玩电脑，那个"坏"孩子不是真的坏！

青春期的孩子都会表现出较强烈的叛逆来，不听妈妈的话，什么事都要自己来，想要追求自己喜欢的东西而不是妈妈给他安排的东西。这是正常的，也是妈妈应该为之高兴的，因为孩子在逐渐脱离对妈妈及重要亲人的依赖，走向独立的自己。但是，有些妈妈却认为叛逆的孩子不听话、不好好学习，就是"坏"孩子，就是没有前途的孩子。这绝对是错误的，实际上孩子在该叛逆的时期叛逆是件好事。因为如果孩子以正常的速度走完这个叛逆期之后，他们在18岁左右形成一个完整的"自我"，有了这个"自我"，他们就会有较强烈的欲望，明白自己想要什么不想要什么，从而不需要监督也能有很强的动机去追求一些人生目标，因此，这些孩子长大后往往会取得很多惊人的成就，也会过上更精彩的生活。

所以，青春期"坏孩子"不是扶不起的烂泥，相对应的就是，青春期"好孩子"不一定是真的好！

因为如果家长长期把孩子管教得太死，一直让孩子按照他们的安排来学习和生活，压制孩子的叛逆，导致孩子的青春期就没有一个正常的"叛逆期"，这样看上去家长是培养出了"好"孩子，但却不知道这些"好"孩子身后潜伏着3大恶果：

1.叛逆期推迟，叛逆更严重。18岁以前没有叛逆的孩子，不是说明他不会叛逆，只是说明他的叛逆被压制推后了，当长期被压制的叛逆爆发后，往往会造成更严重的后果。

2.缺乏生命力，缺乏生活的热情。"好孩子"的学习生活都是家长安排好的，他们不用也不能自己选择自己的人生，他们做什么事情都只是为了家长开心而不是为了自己快乐，所以，什么事情都不能让他们兴奋，他们自然缺乏生活的激情。

3.缺失自我，庸庸碌碌过一生。青少年都会经历叛逆期的痛苦磨炼，才能甩掉对家长的依赖，形成独立的人格，思考自己的人生，从而追求自我的实现，生命才变得完满，然而那些没有叛逆的孩子，即是错过了对自己人生的思考，找不到自我，于是只有随波逐流，庸庸碌碌地过一生。

所以，孩子进入青春期后，家长不要再把"乖""很听话"还当作优点来看，也不要把"不听话"的孩子当成"坏孩子"，更不要认为青春期"坏孩子"无可救药，也许，他们才是充满生命力、充满能量的潜力股，只要家长有足够的耐心和宽容，给予正确的指导和帮助，他们一定会给你足够的惊喜！

孩子收到情书了 ●

每个少男少女都要经历青春的花季。花季的情感是一种美好的情感，当它到来时，许多孩子会经受不住诱惑而卷入其中，无法自拔。这个阶段的孩子往往是害羞的，即使喜欢一个人，也不好意思直接说，他们会选择用写情书这样的方式来表达自己的情感。因此，许多青春期的孩子，尤其是漂亮的女孩，会收到情书。

当异性给自己写情书表达爱慕的时候，就会深陷其中，彼此互相吸引，很有可能会导致早恋。而这个时期的孩子虽然生理和心理都有很大的发展，但毕竟没有成熟，许多想法是冲动的，如果这个时候处理不好这些冲动的行为，就可能会造成一生的悔恨。

小倩是个漂亮的女孩，在班里担任文艺委员，她活泼爱笑，是班里的积极分子。无论是舞蹈还是唱歌，她都十分拿手，常常会在晚会上一显身手。最重要的是，小倩的文采非常好，她的作文经常作为范文在全班同学面前朗读，她总是能将学习和生活中的琐事以及自己的感悟，用诙谐的语言表达出来。

小倩每次朗读范文的时候，是班里同学最开心的时候，因为她的作文总是能引起同学们一阵阵开怀大笑，语文老师也经常夸奖她的作文轻松幽默。

有一次班里上体育课下课后，所有人都从操场往教室走，小倩也开心地和几个女生一起从操场回来。小倩坐到自己的位置，打开下节课要用的语文课本，结果课本中夹着一封信。小倩有些紧张，心跳加速，趁别人不注意迅速地把信塞到书包里。

这天放学后，小倩匆匆离开学校，回到家里就往自己的房间去了。她迫不及待地打开信封，她没有猜错，这是一封男同学和自己表白的信。由于小倩的作文写得很好，这个男生还特意写了很有文采的句子，想要博得小倩的好感。信的最后署名是班里的鲁阳。鲁阳是学习委员，活泼开朗，而且长得很帅气。其实小倩原本就觉得鲁阳很好，但是没有想到鲁阳居然喜欢自己，要知道班里很多女生都把鲁阳当成自己的白马王子呢。

想到这里，小倩有些小小的得意，被人喜欢的感觉原来这么好。但是，父母经常提醒她不要早恋。所以，小倩没有给鲁阳回信。原以为鲁阳以后就不会再写信给自己了，可是鲁阳却很执着，每天都会给小倩写一封情书。这让小倩一方面觉得自己很有吸引力，另一方面又不知道该怎么应对鲁阳。告诉父母吧，害怕父母会小题大做，或者不信任自己；告诉老师吧，又怕老师找鲁阳谈话，或者是告诉鲁阳的父母，这会让鲁阳怨恨自己的。小倩这几天烦恼极了。

首先应该肯定，小倩没有因为男生的情书而陷入早恋的做法是十分正确的。青春期的孩子就应该集中精力积累知识，为自己将来的事业打下坚实的基础。

许多事实证明，中学时期的孩子在谈恋爱以后，心情往往会被对方牵制，学习必然分心，成绩也会下降。这个时期的孩子正值情窦初开的年纪，有喜欢的异性或者被异性喜欢，都是十分正常的。

有些父母，在看到孩子的书包里有情书的时候，不分青红皂白地训斥和教育孩子，父母应该了解这个时期孩子的行为心理，给他们讲讲早恋的危害，让孩子多参加一些活动，接触更多的异性，从而不再沉迷于一个异性。当然，不能因为孩子可能会出现早恋的情况而不让孩子接触异性，完全断绝和异性的往来，这样，只会让孩子对异性更加好奇。在好奇心的驱使下，孩子也许会做出更过分的事，到时父母就更烦恼了。

青春期孩子对老师的特殊情感 ●

青春期是性心理发育的关键时期，恋师情结是孩子性心理发育阶段中向往年长者的感情。进入青春期的青少年，心目中父母的形象开始变得渺小，他们的独立意识变得强烈，开始有摆脱家庭、远离父母监护的愿望，他们渴望选择一种以自我为中心的生活方式。但是，因为自己的能力有限、经验不足，束手无策的感觉常常萦绕着他们，他们渴望得到别人的理解与帮助，还要是父母之外的人才行。

很快，孩子就会发现，与自己朝夕相处，并且关心自己成长的老师有阅历、有才华、有智慧，并且充满着成熟的魅力。所以，年轻而又有才华的老师很容易就会占据少男少女的心灵，成为他们崇拜的偶像。于是，经常有学生对异性老师产生爱慕之情，并且执着地追求，也有的害羞的学生会把这种喜欢埋藏在心底。在传统教育之下，一些学生的这种爱恋老师的思想会转化成痛苦的感情，从而影响到自己生活的各个方面，使自己不能自拔。

小雪上初三了，班里最近新来了一个化学老师，是个非常年轻的男老师。这个老师讲课的时候非常幽默风趣，即使做实验时也不会那么紧张，而是程序化地做实验。他总是能让学生像在游戏中结束上课，还能让学生学到很多知识。

这个化学老师对待学生十分和蔼可亲，就像是大哥哥一样，而且就算是学生问的问题不是有关化学的，而是生活上的困惑或是别的学科的疑惑，他也会耐心解答。因此，班里的学生都很喜欢化学老师，尤其是班上的女生，更是时常去找化学老师问问题。

小雪觉得这些女生根本就不是去问问题，肯定都像自己一样喜欢这个老师，是找机会去接近老师的。从化学老师讲第一节课开始，小雪就喜欢上这个老师了。他个子高高的，虽然没有多么帅的长相，但是他果敢的男人气质却非常吸引小雪。

小雪的成绩还是不错的，为了让老师注意到自己，小雪更是使劲地学习化学。功夫不负有心人，小雪的化学成绩很快就成为全班第一名，化学老师还让她当了化学课代表。小雪高兴极了，感觉自己有了有利的条件，可以经常出入化学老师的办公室，和老师经常接触。

可是，小雪没有想到，正是频繁的接触，让自己喜欢化学老师的这份感情急速升温，简直到了迷恋的程度。她每次见到化学老师就会脸红心跳，甚至不敢看老师的眼睛了，生怕老师发现了自己心中的秘密。小雪看不到化学老师的时候，经常会想老师，甚至在上课的时候都会想起化学老师的一言一行，没法认真听课了。

不久，小雪的成绩开始下滑，除了班主任，连化学老师都批评她，这让小雪非常羞愧，觉得老师嫌弃自己了，她越是这样想，成绩越是提不上去。而且，小雪因为害怕同学们发现自己喜欢化学老师，都不敢和别的同学一起玩了，总是一个人在角落里默默地想着化学老师。为此，小雪痛苦极了，可是她不知道该和谁倾诉，也不知道怎么样自己才能恢复正常。

生活中，像小雪这种中学生迷恋优秀异性老师的现象屡见不鲜。处于青春期的少男少女，往往十分崇拜倾心的异性老师，时刻留意着老师的一举一动。在对异性充满新鲜、好奇、向往、冲动的心理作用下，他们对异性老师产生痴迷的感情而心灵战栗、表情羞涩，内心既期盼又恐惧的心理矛盾和幻想交织在一起，为自己编织了一张爱恋老师的罗网。由于这种感情掺杂着师生的道德伦理，他们常常会把这种爱恋之情深埋在心底，强烈地抑制自己的情感，让那张无形的网束缚住自己的情感，越是压抑，网就会勒得越紧。

如果家长发现孩子出现行为异常或者成绩大幅度下滑的话，就应该主动和孩子交流一下，引导孩子说出自己的困惑和秘密，不要严肃地和孩子讨论这个问题，而应该和孩子像朋友一样探讨解决问题的方法，让孩子卸下心防，共同面对恋师情结。

父母在与孩子讨论这样的问题的时候，一定要注意自己的态度，不要让孩子觉得自己的行为是非常可耻的，而是告诉孩子这是青春期非常正常的情况，完全不用觉得自己是另类或者自己的行为很可耻，让孩子在阳光的心情下接受自己的行为，并放松心情，让孩子早日摆脱恋师情结。

孩子为什么开始刻意疏远异性 •

青春期的孩子普遍都很想接触异性，并且希望得到异性的关注，还有许多孩子因为喜欢而慢慢成为早恋的行为。

在青春期初期，男女同学的相处似乎变得比较困难，即使是童年时代很好的异性同学，这个时候也会不自然地回避。男女同学在学习、娱乐及各项活动中，界限分明，偶尔有接触也会显得很不自然，不再像儿童时期那样无拘无束、天真烂漫了。

这段时间，心理学上称为"异性疏远期"。在这个时期，特别是女孩，或多或少地受到传统观念的影响，认为男女之间应该保持距离。有的女孩的父母担心孩子会受到异性的骚扰和伤害，因此不断地给孩子灌输一些不能和男生走得过近的思想，使得女孩慑于舆论、慑于名声，就会与男同学之间壁垒森严，互不搭界。

琴琴和刚子是邻居，两个人从小一起长大，都是上同一所学校，所以两个人从小一起玩，一起上学放学，一起写作业、玩游戏，有什么心事都会告诉对方。

最近，刚子觉得琴琴变了，从上初二开始，她总是躲着自己，有时在学校里看到自己就会绕道而行。就算刚子主动和琴琴说话，也是说不上两句，琴琴就会急匆匆地走开。

两个人之前都是放学后一起回家的，可是现在琴琴总是不等刚子，自己骑着自行车回家，还告诉刚子以后都不要和她一起走了，她要和班上的一个女生一起回家。刚子觉得很奇怪，仔细想想，自己最近并没有得罪琴琴啊，也没有捉弄她，为什么她突然就不愿和自己玩了呢？两个人一下子就变得陌生了，这让刚子有点儿摸不着头绪。

是不是自己在不知道的情况下得罪她了呢？还是有人在琴琴面前说自己的坏话了呢？刚子跑去问琴琴的妈妈。琴琴的妈妈听完刚子的问题大概明白了，看来是自己的女儿长大了，知道男女有别了，在和异性交往的时候知道保持距离了。可能是女孩发育得比较早，而男孩成熟得要比女孩晚一点儿，所以刚子才会产生这样的疑问。

琴琴的妈妈耐心地给刚子讲解了一些青春期男孩女孩会遇到的问题，以及男女生交往时的一些区别。看着刚子迷惑的表情，琴琴的妈妈告诉刚子，平时可以看一下关于青春期心理的一些书籍，这样对于青春期的许多疑惑就可以解释了。

刚子回到家，去网上搜集了一些关于青春期的资料，了解了并不是自己得罪了琴琴，而是他们都长大了，不再像以前一样亲密无间了。不过，刚子还是觉得自己是琴琴的好朋友。琴琴这样疏远自己也不好，以后他一定还会和琴琴成为亲密的小伙伴的。

其实，许多刚刚进入青春期的孩子都跟琴琴一样，知道了自己和异性是有区别的，但是却不知道如何和异性接触，只能疏远异性了。一个缺乏与同龄异性接触的孩子会表现出一种不健康、不自然的与异性交往的心理和能力。这个时期对异性交往的限制常常会给他们在未来更好地鉴别、选择异性朋友带来不良的影响。

这个时候就需要家长教给孩子如何正确地与异性进行交往，既不能疏远，也不能过于亲密而造成孩子的早恋。正确的性教育可以避免青少年生活中的许多过失、错误、痛苦以及不幸，使他们的身心得以健康成长。父母可以教育孩子在与异性交往的时候，要大方优雅，以尊重为先。只有这样，才能坦然而又不失分寸地交往，才能获得与异性同学之间纯洁的友谊。

许多父母一听到孩子与异性同学交往，就会敏感多疑，不断告诉孩子要疏远异性，防止早恋。其实，许多青春期男孩和女孩交往的结果，并没有父母想象得那样，相反，还会有良性的结果。

当青少年进入青春期以后，由于生理和心理发育的急剧变化，从而使情绪易于波动，活动能力增加，人格独立要求增加，并付诸行动，这些都是正常的现象，并不是"恋爱"。

正常的男女交往会对双方的心理健康发展起到促进作用。由于男女同学各自特点的不同，男生往往比较刚强、勇敢、不畏艰险，更具独立性，而女生则更具细腻、温柔、严谨、坚韧的特点，男女同学的正常交往可以促使双方互补，对他们的性格发展和智力发育都有好处。

因此，父母要引导青春期的孩子正常地与异性交往，对于本身疏远异性的孩子，应该鼓励、引导，让孩子坦然面对青春期的异性交往问题。

青春期的女孩喜欢上了化妆 ●

爱美是每一个女孩的天性。青春期的女孩，由于身体的发育，开始有了女人味，也渐渐觉得自己已经长大了，加上这个时期的孩子都希望得到异性的关注，于是，许多青春期的女孩开始关注自己的身体，关注自己的形象，希望能给男生留下美好的印象。也有一些女孩开始尝试化妆，认为这是跟上时尚和潮流的一大表现。

但是，青春期的女孩还没有发育成熟，过早地使用成年人的化妆品会造成一定的伤害，让原本自然美丽的脸变得不自然。而且，青春期是学习的关键时期，如果孩子过多地关注自己漂不漂亮，难免会影响到自己的学习。青春期的孩子还没有完全正确的分辨是非美丑的能力，这个时期做的很多事情在他们长大成熟之后都会觉得很幼稚，甚至会后悔。而关于化妆就是这样，原本孩子脸上很光滑漂亮，可是化妆品中含有许多化学成分，如果女孩过早使用化妆品，可能会伤害脸上的皮肤，造成一些皮肤问题。

艾琳从小就长得很漂亮，皮肤白皙，一头黑发。在进入初中以后，艾琳的身高突飞猛进，让艾琳拥有了女生羡慕、男生欣赏的高挑身材。这让原本就爱美的艾琳更加得意，觉得自己已经成长为小女人了。于是，艾琳开始非常注重穿衣打扮，经常看一些时尚杂志，自己搭配衣服。现在妈妈给她买衣服，艾琳都不穿了，都是自己去商场买，每天上学前光在选择穿哪件衣服上就要浪费很多时间，害得妈妈每天都得催促艾琳。

艾琳总是觉得自己缺少点儿什么。在看到时尚杂志上的女模特都化着精致的妆容时，艾琳明白了，是因为自己没有化妆，所以才显得没有光彩。

于是，艾琳就和妈妈要钱买化妆品。平常只要艾琳说买什么，妈妈都会给她钱的，但是这次妈妈没有给她，还告诉艾琳不能化妆。

这让艾琳很生气，妈妈每天上班都化妆，凭什么不让自己化妆呢？于是艾琳总是趁妈妈不在家的时候，用妈妈的化妆品，打扮完了就和同学出去逛街，同学们都说化了妆的艾琳更美了，艾琳高兴极了。

一个周末，爸爸妈妈说要到姨妈家去，姨妈家在另一个城市，艾琳推说自己有聚会不能去，妈妈没说什么，就和爸爸离开了。

妈妈刚走，艾琳就躲到妈妈的房间开始化妆，这次还找出了妈妈的高跟鞋穿上，因为这次聚会不是只有女生参加，还会有男生，艾琳想让大家都注意到自己。可是正当她画眼线的时候，妈妈忽然回来了，原来是忘了带手机。

妈妈看到艾琳正在化妆，十分吃惊。艾琳先开口道："我们班上的女孩子很多都化妆了，我不化的话就没有她们漂亮了。你又不给我钱买，我只能用你的了。"

妈妈因为急着去赶车，就没有多说什么，只是说："等我回来我们再讨论这个问题，你先去参加聚会吧。"虽然妈妈没有训斥艾琳，但是说回来再谈，还是让艾琳忐忑不安。

许多青春期的女孩都跟艾琳一样，开始爱打扮自己，但是她们却不知道什么该做什么不该做。父母要及时发现孩子的一些不良行为，然后给孩子讲解这些行为的坏处，让孩子健康爱美。对于化妆，还是尽量在18岁之后，而青春期的女孩年龄大多是在12至18岁，还没有成年，这个时期就用化妆品容易给孩子带来伤害。

进入青春期的女孩，生理会发生一系列的变化，特别是随着内分泌功能的变化，少女的皮肤会变得洁白细腻，富有光泽和弹性。这样楚楚动人的美丽肌肤，根本不必再用化妆品来修饰，本身就是非常美的一道风景。

当然，青春期的女孩爱化妆也可能是因为还不知道化妆品对自己的危害，所以父母面对化妆的女孩，不必强制其改变，而是应该让女孩明白利害关系，还要让女孩明白：父母是可以理解她们爱美的心情的，但是什么年龄就应该具有什么样的美，青春期的这种美应该是天然的、富有朝气的，是用任何化妆品和人工的修饰都无法达到的。因此，让她们明白，青春期女孩化妆是不可取的。

第四章

父母一定要懂的初中生心理和情感问题

感觉自己不属于这个世界——孤独内向心理 •

现代社会，由于父母工作繁忙，可能他们很少去关心孩子的内心世界。然而，当孩子长大以后，面对初中阶段的种种问题，一些父母非常渴望知道孩子在想什么，也担心孩子由于处于初中阶段而犯错误，所以渴望能时不时地与孩子说说心里话。但是经过多次的尝试之后，父母失望地发现，孩子心灵的大门似乎对他们紧紧地锁上了，无论怎么努力都打不开。孩子变得不再喜欢与人交流，而总是躲在自己的小空间里，话也少了，似乎变得内向了。

韩先生是个事业很成功的人士，他对自己的女儿寄予厚望，希望女儿能按照自己的想法规划人生。女儿从小就很文静，一直表现很好，是大家公认的乖乖女。但是，不知从什么时候开始，这种文静渐渐地变了味，女儿好像变得孤僻了，不喜欢与人交往。后来，竟然进入了一个自我封闭的世界，她没有呼朋引伴地做过一件事，也没有同学之间的互相往来，并且也不愿和周围的长辈们说话了。

最近，妻子告诉韩先生，女儿的书包里多了一本日记，难道是女儿有什么秘密吗？毕竟女儿已经 14 岁了，到了初中阶段，会不会是交了男朋友呢……

　　想到这里，韩先生和妻子在强烈的好奇心的驱使下，周末趁女儿不注意时，看了她的日记。令他们意外的是，女儿并没有什么秘密，日记上写的都是女儿的发泄语，或者她观察到的同学们之间发生的事情，当然也有学习的压力等。看到这些，他们放心了，至少女儿没有变坏。

　　后来，女儿发现了父母偷看她日记的事情，却没有对父母抱怨，也没有发脾气，只是默默地把日记本换成了带锁的。韩先生觉得女儿有些过于安静了，更确切地说，女儿的性格太内向了，这些抱怨的话或者关于学习的压力，完全可以和好朋友或者和父母说啊，可是女儿却什么都不说，只是在日记中倾诉。

　　其实韩先生夫妻俩的做法是不恰当的，因为偷看孩子的日记会引起孩子的反感。有时候初中阶段的孩子写日记并不是有什么见不得人的秘密，只是他们需要一个倾诉的对象，而他们之所以宁愿写日记也不愿意和人交流，是因为初中阶段的孩子都有一种孤独心理。

　　孩子一到初中阶段，随着身体的发育，他们心理上也会产生种种变化。他们会对父母以前灌输给自己的种种思想产生怀疑，甚至不再相信大人。因此，他们会觉得孤单，需要一个倾诉的对象。此时，他们急需一个完全属于自己的、父母不会干涉的空间，然后将他们的心事、小秘密都倾诉出来。于是，许多孩子选择锁上房门，用日记本记录自己一天遇到的各种快乐的、不快乐的、激动的、气愤的或者伤心的事情。当写完日记，他们的心情就会平复，抱怨也会停止。

一般来说，性格孤僻、不合群的孩子，常常会把自己孤立起来。心理学家认为，一个人在独处时，心理活动就会转入内部，朝向自我。孤独的孩子因为长期独处，所以心理活动的范围变小，活动的内容也会变得越来越狭窄，孩子就只能翻来覆去地在某几个问题上打转，再加上初中阶段孩子的认知是有限的，所以就会产生心理活动走向片面，从而陷入深深的孤独中而不能自拔。

如果父母发现孩子性格开始变得孤僻内向，就要多鼓励孩子与他人积极交往。因为在交往的过程中，孩子的注意力会被他人吸引，心理活动就不会只是局限于个人的小圈子里，性格也会慢慢变得开朗起来。

当然，孤独内向并不是与世隔绝，虽然客观上形成了与他们交流的困难，但依然可以通过某些方式达到交流的目的。比如，父母可以让孩子知道，在与朋友的交往过程中，不只是他一个人孤独，其他人也是一样的，也会感到孤独，也需要得到别人的安慰和友谊。这样，孩子与他人就会有共同语言，有利于诉说共同的烦恼，从而缓解孤独的心理。

另外，进入初中阶段的孩子，不论是身体上还是心理上，都产生了很大的变化。他们逐渐变成一个"小大人"，开始有自己的想法，开始自我欣赏，再加上身体上的剧烈变化让他们不适应，甚至有许多孩子对于身体的变化感到害羞和无助，他们开始变得越来越反感别人对自己的评价。对于身体和心理的困惑，他们想找人倾诉，又害怕别人会嘲笑自己，于是逐渐形成孤独内向的心理。

其实，这个时候的父母更要意识到，孩子是你的一个好朋友，他已经长大了，和他谈话谈心的时候不能再是命令的口气，或者把他当作小孩子，而应该平等地进行交流。在心理上也要给他发挥的空间，多欣赏他，赞扬他，多说一些肯定的话，加强他的自信心，这样可以使他的孤独感逐渐减少。

老师的评语伤害了孩子——敏感心理 ●

孩子进入初中阶段后，会非常注重自己在别人心中的形象，无论是体形还是学习，都希望自己是最好的，因此，对于别人不好的评价会耿耿于怀。

对于孩子来说，有时过分关注别人对自己的评价会使其特别敏感，不知道哪句话或者哪个动作就会触及自己的敏感神经。有时批评会，可有时表扬也会触痛孩子的心。

中学生中有许多如此敏感的孩子，他们的内心敏感而脆弱，常常会把事情夸大，甚至会因为自己的不理智、不冷静的认知而使自己受到伤害。比如，你夸一个初中阶段女孩的衣服很漂亮，说她穿上以后很显瘦，她可能就会不高兴，并且会说："你的意思是我以前穿的衣服显得我很胖，你是觉得我很胖吗？"其实别人只是想夸夸她，结果她就会往别的方面去想，甚至因此而不高兴，觉得是在嘲笑自己。

姜老师所教的初中三年级的学生正是一群处于青春期的孩子，因此姜老师平时非常注意自己的言行举止，也经常看一些关于青春期孩子心理的书籍，了解到这个时期的孩子自尊心十分强，很敏感，于是无论是在作业本上还是试卷上的评语，姜老师都非常注意措辞，尽量不伤害到孩子的心灵。

在一次期中考试后，她发现班上的一名女生小敏一个人躲在楼梯的拐角处哭得梨花带雨。姜老师感到十分不解，就过去问她原因。然而小敏是个非常安静的孩子，什么心事都藏在心里，也不太爱和同学们交流，她的朋友应该也只有自己的同桌吧。姜老师无论怎么问，小敏都不回答，老师猜测了许多原因，都没有得到小敏的回应。最后，姜老师说："是老师伤害到你了吗？如果是老师，你可以说出来，给老师一个解释的机会。"说到这里，小敏的眼泪流得更厉害了，显然，正是自己伤害到她了。

小敏转身回到教室拿出试卷，上面有姜老师写的评语。可是，姜老师记得自己都是用很温和的语句来写的啊。小敏指出评语中有这样一句话："我希望能看到你和同学们在一起有更多的笑容，多和同学接触，你会发现你们的友谊是多么美好。""这句话怎么了？"姜老师有些疑惑地问。

小敏说："老师，你是觉我太自我，不愿意和同学们交流吗？老师给我的评语这么生硬，显然是在批评我不跟同学来往。"小敏多和同学交流的确是姜老师的希望，虽然姜老师已经尽量写得委婉了，可是没想到还是让敏感的小敏觉得老师这是在批评她，让她觉得伤心。

对于过分敏感的人来说，无论是责备还是表扬的语言，如果表达的恰恰是这些人最关注而又极其不自信的内容时，就会在无意间触及他们的痛处，会招致他们强烈的反应。"虽然是简单的一句话，产生的作用却可以使这些人有被剥光的感觉。"

究其原因，其实是孩子们对自我认识有欠缺导致的。这样的孩子往往很容易否定自己，既不知道自己的优点在哪里，也不清楚自己的缺点是什么。他们只是盲目地认为自己不行，很容易形成一种习惯性的行为，比如，习惯性的友好、习惯性的思维方式等。而这种习惯又使得他们只是单纯地对习惯产生依赖，并不能确定这种习惯是否是自己需要的。一旦这种习惯与他们的认知产生了偏差，他们就会产生盲目的恐慌。恐慌会表现为嫉妒、害怕失去、怨恨等情绪。而性格内向又会掩盖他们这种心理，他人从表面上往往很难看出他们内心的波澜，再加上他们难以向外人袒露心声，会让人很难了解事情的真相。

过分敏感之人的悲哀在于不懂得自嘲。心理学家分析认为，他们的性格中混杂着羞怯、负罪感和自我惩罚的愿望。所以，在对待初中阶段孩子的敏感问题上，家长和老师要有耐心，循着一丝线索，用爱和责任引导孩子开口。只要他们肯开口，事情就解决了一半了。可以教会初中阶段的孩子适度地自嘲，向敏感的孩子证明，人们是可以拿自己来开玩笑的，这样不仅不会伤害人，而且会帮助人们以相对的观点看待事物。

他们都那么厉害——自卑心理 ●

所谓"自卑感"，是指个体在与他人进行比较后，觉得自己不如别人，因而表现出无能、软弱、猥琐、精神不振等心理失衡状态。它是个体对自己能力与品质做出消极评价的一种自我意识。自卑感对初中阶段孩子的人生和学习都有着根本性的影响。

因为初中阶段的孩子大部分时间都生活在集体中，所以很容易拿自己和周围的朋友、同学相比。当自己的某一方面不如他人的时候，自卑感油然而生。他们往往把这种不如人的想法积压在心中，更会由此不愿意与朋友、同学相处。因此，他们往往很敏感，对别人都抱有很大的戒心和敌意，不信任别人。

秀秀原本是一个开朗爱笑的女孩，从小学到初中，秀秀的成绩都非常好，一直名列前茅。在升高中的时候，秀秀的好成绩让她顺利考入重点高中的加强班。可是随着学习强度的不断加大，秀秀有些吃不消，而且刚刚升入高中，秀秀也有些不适应，所以学习起来非常吃力。

在第一次模拟考试中，秀秀的成绩非常差，在班里属于倒数第几名。这让秀秀心里有了很大的负担。她想好好学习赶上去，可是由于压力太大，到期末考试的时候秀秀的成绩还是不理想，一直是尖子生的她出现了两门功课不及格。这对秀秀的打击非常大，她开始自责，又害怕别人会看不起自己，害怕别人在背后议论自己，她觉得自己在班里都抬不起头了。原本爱笑的秀秀变得沉默寡言，不愿意和同学交流。

这样又持续了一个学期，秀秀的成绩始终没能提高，老师觉得秀秀不适合继续留在加强班了，就让秀秀转到普通班去了。这让秀秀十分羞愧，自从进入普通班，秀秀很少和同学交流，上课也不敢回答问题，就连回家也不和父母说话，总是把自己关在卧室里不知道在干什么。

秀秀的妈妈看到女儿的改变，明显感觉到了女儿深深的自卑感。可是，女儿拒绝与自己交流想法，也不愿意出门，平常走路也是低着头，不愿意被人看到，一副害怕别人认出自己会笑话自己的样子。秀秀的妈妈感到十分无奈，不知道该怎么改变秀秀的这种自卑感，让原本爱说爱笑的秀秀变回来。

从上面的例子不难看出，秀秀由于心理承受能力差，在遭遇挫折后产生了自卑心理，感觉自己不如别人，从而不愿意和他人交流，把自己关在一个小世界中。心理学家表示，自卑心理不是与生俱来的，而是后天形成的，是孩子有了比较能力之后，把自己与他人进行比较，觉得自己不如别人，从而逐渐形成自卑心理。

秀秀的这种自卑心理，在许多初中阶段孩子身上都出现过。

升学后，孩子的生活环境、学习环境明显改变了。另外，小时候被老师重视的情况也变了，自己不再是老师关照的尖子生，周围优秀的同学太多，由于学习难度加大使得成绩有所下降，于是这些孩子变得心情低落并开始自卑。他们从此对学习失去了兴趣，不愿意与人交往。

由于自卑心理的存在，给孩子的学习和生活带来了极大的伤害，不但会破坏孩子的自尊心和自信心，甚至会泯灭孩子的进取精神，所以，为了初中阶段孩子的心理健康，让孩子拥有一个美好的未来，家长要积极帮助孩子克服自卑心理。那么，如何让孩子走出自卑的黑暗世界呢？家长可以做好下面几点：

首先，父母要坚定信心，对孩子进行积极的自我暗示。心理学家莫顿曾经提出"预言自动实现"的原则，他认为人们具有一种自动实现预言的倾向。所以，如果孩子把自己想象成胜利者，将会带来无法估量的自信。当父母感到孩子信心不足时，父母可以对孩子进行积极的心理暗示，能够经常性地鼓励和赞许孩子，那孩子就会感觉自己是自己行为的主人。时间长了，孩子逐渐有了自信心，自卑感就会逐渐消失。

其次，父母要引导孩子确立合乎实际的目标，让孩子找到自信。孩子的自卑心理往往由于失望而产生，而孩子的失望情绪又与其对某件事的期望程度相关。如果孩子对某件事情的期望值越高，事后因结果不理想、目标未达到而产生的失望程度也越深。因此，不管做什么事情，父母都不能操之过急，给孩子定的目标也不能过高，不然孩子容易遭受失败或挫折，而应该制定适合的目标，让孩子尽可能多地体验成功，从中找到自信和希望。

另外，父母要教会孩子扬长避短，学会心理补偿。每个人都有自己的优势和劣势，如果用其短而舍其长，就连天才也会丧失信心，自暴自弃；相反，如果一个人能扬长避短，强化自己的长处，即便是残疾人也能充满信心，享受成功的快乐。

因此，消除孩子的自卑感，父母要教孩子善于发现自己的长处和优势，并为他们提供发挥优势的机会和条件，让孩子学会理智地对待自己的短处，寻找合适的补偿目标，从中吸取前进的动力，把自卑转化为奋发图强的动力，这也是帮助孩子克服自卑心理的关键。

他也没什么了不起——嫉妒心理

嫉妒是每个人都会有的，在与人交往的过程中，如果发现对方的才能、地位或者待遇等比自己要好的事实就会产生羞愧、不忿甚至怨恨等复杂的情绪。其实，很小的孩子就会有嫉妒心，比如两三岁的孩子看到妈妈抱别的小朋友，即使他正在旁边玩得很开心也会立刻跑到妈妈的身边让妈妈抱自己。而到了初中阶段，孩子的心理上发生了很大的变化，情绪极其不稳定，更容易产生嫉妒心理，这种嫉妒心理对孩子的心理健康和人际交往都是非常不利的，父母一定要时刻注意，做到及时发现、正确疏导。

嫉妒是人的一种天性，是人际关系中较为普遍的社会心理和情绪的表现。一个人如果产生了嫉妒心理，那么他常常会以自我为中心，看不见别人的优势，也发现不了自己的不足，满脑子都是怎样战胜别人、打击别人，让自己高高在上，让别人羡慕。

晓燕是家里的独生女，由于家庭条件比较好，妈妈经常给晓燕买漂亮的衣服，晓燕穿出去别人都夸她的衣服好看，在班上也总是让其他女生羡慕。

有一天，一个女生穿了一件漂亮的裙子到了学校，别人都说她的裙子好看，晓燕听后觉得很生气，认为那个女生抢了自己的风头，就总在背后说那个女生的坏话。

晓燕从小学习成绩好，老师和家长都夸奖她，同学们也都以她为榜样。久而久之，晓燕觉得自己是最好的，当别人偶尔比自己好的时候，晓燕总是去诋毁那个比自己强的人。

晓燕的邻居张兰和晓燕一样大，也是个漂亮的女生，两人在升高中时被分到了一个班里。晓燕就把张兰当作自己的对手，总是暗地里和她较劲。

有一次，晓燕的妈妈无意中夸了张兰学习成绩好，晓燕就愤愤不平地对妈妈说："那是老师包庇她！"晓燕的妈妈没有把这件事放在心上。

转眼快到期末考试了，张兰的复习资料丢了，于是来找晓燕借。晓燕对张兰说自己的复习资料借给表妹了，没有在家里。晓燕的妈妈听到后很吃惊，晓燕根本就没有这么大的表妹，怎么可能借给表妹呢，妈妈不明白晓燕为什么要撒谎。

到了晚上，晓燕在复习功课，妈妈端着水果进去给晓燕吃，赫然发现晓燕在看"已经借给表妹"的复习资料，而且桌子上还有一份。

晓燕的妈妈意识到问题的严重性了，就问晓燕为什么要撒谎，还偷别人的复习资料。晓燕生气地说："谁让她的成绩比我好？没有了复习资料，我看她这次还能不能考得比我好。"

妈妈没有想到晓燕因为嫉妒别人比自己学习好，就做出这样的错事，真是应该好好和晓燕谈谈嫉妒心理的危害了。

对于初中阶段的孩子来说，他们已经有了升学的压力，开始明白了竞争的重要性，同时，也会不自觉地常常与别人做比较。但是，当他们发现自己的才能、外貌或者家庭条件等不如别人的时候，他们就会产生一种羡慕、崇拜、奋力追赶的心情，这是上进心的表现。同时，由于初中阶段心理发展还不成熟，他们对自己各方面能力的认识还不足，就很容易产生嫉妒心理。

美国著名心理学家布鲁纳曾经指出，好胜的内驱力可以激发人的成就欲望。但是如果不能正确地认识竞争，就会导致人们在相互的竞争中产生嫉妒心理。如果嫉妒过于强烈，任其发展，就会形成一种扭曲的心理：心胸狭窄，喜欢看到别人不如自己，并喜欢通过排挤别人来获得成功。

嫉妒心强的孩子，一般都有争强好胜的性格，所以在孩子的交往过程中，相互的竞争往往会让他们产生嫉妒心理。而处于初中阶段的孩子大部分时间都是生活在集体环境中的，都会有几个要好的朋友，但是在这些孩子之间有一个巨大的友谊杀手——嫉妒。因为在同龄的孩子之间，往往避免不了竞争。因此，许多孩子在面对比自己优秀、比自己成功的朋友时，就会产生心理不平衡。有许多孩子在面对这种状况的时候说："和他做朋友，感觉自己就像个小丑一样，简直就是他的陪衬。"

作为孩子的第一任老师，家长对待嫉妒心理比较强的孩子，一定要给予及时的引导和悉心的教育，注重培养孩子豁达的性格、宽广的胸怀，并且教会孩子正确面对竞争，让他们明白竞争对手不是仇人，嫉妒也不是要强，进而使孩子学会欣赏别人的成功，分享他人的快乐。

父母要引导孩子用自己的努力和实际能力去同别人较量，告诉他们竞争是为了更好地找到差距，更快地进步和取长补短，不能用不正当甚至不光彩的手段去获取竞争的胜利，这样才能把孩子的好胜心引向积极的方向。

大家有的我也要有——虚荣心理 ●

心理学相关研究表明，青少年的虚荣心是一种被扭曲的自尊心，是自尊心的过分表现，是一种追求虚荣的性格缺陷，是为了取得荣誉和引起普遍注意而表现出来的一种情感反应。初中阶段的孩子随着生理上的变化，其心理也会产生一定的变化，出现一些心理问题。虚荣心，就是常见的心理问题之一。

初中阶段的孩子虚荣心很强，他们喜欢穿名牌衣服，佩戴价格不菲的配饰，在同伴或者在异性面前做一些哗众取宠的动作，等等，其目的就是要显示自己，引起大家的注意。这些举动对于初中阶段的孩子来说，都是十分普遍的，但是家长不能放任不管，需要对孩子的这些行为及时加以引导，避免孩子因为过度追求虚荣心的满足而走上邪路。

小刚是一个农村家庭的孩子，很小的时候爸爸就去世了，妈妈含辛茹苦地拉扯着小刚，妈妈靠打工挣钱来支撑家庭开销和供小刚上学。由于小刚从小没有爸爸，妈妈觉得孩子很可怜，不能被人瞧不起。于是，只要别的孩子有什么，妈妈就给小刚买什么，从来不缺小刚什么。为了给孩子一个美好的童年，妈妈夜以继日地工作，从来不让小刚遭罪、受委屈。

可是升入初中的小刚要到镇上去上学，班里有许多家庭条件好的孩子，看到有的同学穿好衣服，用的东西也很高级，小刚心里觉得落差很大。而且，由于青春期的到来，小刚发生了很大的变化，他的虚荣心越来越强，为了和别的同学一样可以穿名牌，用高档产品，妈妈那点儿微薄的工资已经远远不够小刚消费了。

可是小刚不甘心，他想让别的同学都羡慕自己，尤其是班里的女生，小刚想引起她们的注意。为了不在同学面前丢面子，小刚费尽了心思，想方设法地弄钱。

后来，小刚和一个同学找到了离学校不远的一个高档商业区，在一家名表店盗窃了几十万元的现款，然后乘车逃往外地。在短短的几天时间里，他们挥霍掉了所有的盗窃款。他们买了昂贵的衣服，去了高级餐厅，住了豪华的宾馆，还专门租了一辆豪华轿车，供他们四处游玩享乐，极尽奢华。终于，在花光了所有的盗窃款之后不久，两个人被逮捕归案。

处于初中阶段的孩子一旦有了虚荣心理，为了引起别人的注意，得到别人的羡慕和赞赏，采取撒谎、投机，甚至违法犯罪等手段去追求名利，是一种病态的、不理智的行为。法国哲学家柏格森说过："一切恶性都围绕着虚荣心，都不过是满足虚荣心的手段。"上文中的小刚为了自己的虚荣心而去盗窃，最后锒铛入狱，可见虚荣心对青少年的危害有多大。所以，作为父母，要教导孩子，做好虚荣心的预防。一旦发现孩子有虚荣心的表现，应及时施以正确的引导和矫正，帮助孩子克服改正。

对于初中阶段的孩子来说，虚荣心就像突如其来的狂风暴雨，它会毫不留情地冲垮孩子的谦虚谨慎、自知之明、沉着稳健，以及那颗纯洁明净的心，同时带给孩子骄傲自大、盲目乐观的情绪，让孩子像棉絮一样飘摇不定，始终找不到明确的目标，到最后还是会走向失败。

现代社会中，自身价值的实现总是离不开社会的需要。所以，初中阶段的孩子必须把对自身价值的认识，建立在对社会和他人的责任感上，对于那些荣誉、地位、个人得失，都要用理智的心态去面对。当然，用一种理智的心态去面对个人的得失，并不是说不去追求个人的尊严和利益。毕竟，人生在世，一定的荣誉、地位、尊严和利益是一个人的正常需要。

初中阶段的孩子虽然已经摆脱了昔日幼稚的思想而成长为青少年，但是由于认知水平的局限和虚荣心的作祟，有的孩子过分注重面子，甚至有的孩子"打肿脸充胖子"，让自己陷入一种进退两难的境地。所以，教育初中阶段的孩子树立正确的荣辱观，使孩子正确面对荣誉，是消除孩子虚荣心理的前提。

另外，孩子的虚荣心和家庭以及父母的教育有很大的关系。如今，许多父母溺爱自己的孩子，舍得给孩子买流行的服装和高档的玩具。有些家长不注意孩子的修养和教育，喜欢在吃穿打扮、玩具图书等方面与他人比较，甚至给孩子大把的零花钱，以显示自己的富有和对孩子的爱。他们总喜欢在亲朋好友面前炫耀自己的孩子，亲朋好友出于礼貌也会赞扬所谓的优点，孩子在生活中听到的都是一片夸奖声，很少有人讲孩子的缺点。这样的孩子，在父母一路的"吹捧"中长大，没有受到任何挫折，慢慢形成了虚荣心，他们只想听好话，接受不了对自己不好的评价。

所以，在日常生活中，父母首先要摆正心态，不要与别人攀比，也不要盲目去追求物质的享受，不要总给孩子买很多东西，让孩子穿戴名贵的服饰。如果孩子从小养成了这样的习惯，长大之后就觉得那些东西是他应该拥有的，他的虚荣心就会越来越膨胀。

当然，虚荣心作为一种普遍心理，已经成为人性中根深蒂固、难以根除的弱点。父母在教育孩子的过程中，应根据孩子不良虚荣心的各种表现，通过不同途径，采取及时、有利、有针对性的措施，不断改善它，诱导它走向正确的路途。

凡事不能轻松面对——紧张心理 ●

对于初中阶段的孩子而言，他们面临着逐渐繁重的课业负担，再加上身体的变化，可能一时还无法适应，所以他们很容易就会产生紧张的心理。事实上，父母也很清楚，事情在很多时候并没有孩子看起来的那么糟糕，也没有那么严重，只要孩子换一个角度、换一种心情去看待，就能得到意外的惊喜。

娟娟是个很爱学习的女孩，对于各种考试都想考出好成绩，因此，在每次考试前，她都会很紧张，由于紧张，娟娟经常无法取得理想的成绩。于是，这样的情况更加重了娟娟的紧张，以至于在每次考试前夕，她都会因为紧张而生病。

妈妈原本没有重视娟娟的考试状况，直到娟娟开始出现考试前就会生病的问题后，妈妈才问娟娟是不是因为太紧张，因为只要考完试，娟娟就会自己不治而愈。

娟娟把自己的问题告诉了妈妈。妈妈说紧张情绪是十分普遍的，不要想得太严重，然后妈妈还说："紧张是每个人都会有的，也许很多人在这种情况下比你还要紧张呢。不要与这种不安的情绪对抗，而是要体验它、接受它。"娟娟听得有些迷糊。

妈妈接着说："此时你可以和自己的紧张心理来对话，问问自己为什么这么紧张，自己所担心的最坏的结果是什么，这样你就可以正视并接受这种紧张的心理，从容地应对，有条不紊地做自己应该做的事情。"

在妈妈的帮助和鼓励下，娟娟认识到自己并没有比别人差，还有很多人比自己还要紧张呢。慢慢地，娟娟自信起来，考试时没有那么害怕了。奇怪的是，自从娟娟不再紧张之后，在每次的大考中，她总是能超常发挥。就这样，笑容又重新回到了娟娟的脸上。

娟娟为什么能有这么好的运气，每次逢大考必过？这与她轻松的心态不无关系，而这恰恰源于其母亲的鼓励。

初中阶段孩子的不自信、胆怯，甚至自我否定往往都和家庭教育有关系。家长的否定或者是期望过高，都会给孩子造成一定的心理压力，当他们做不到或者做不好的时候，就会对自己进行否定。当再次面对这样的事情时，孩子就会产生紧张的情绪。

最近有点儿烦——同学关系不佳 ●

孩子到了初中阶段，大多数时间都是在学校度过的。在生活和学习中，同学之间的关系就显得尤为重要，如果同学之间的关系处理不好，就会影响到孩子的学习，而初中阶段是学生学习的关键时期，这就需要有一个良好的环境和和谐的人际关系。

而处于初中阶段的孩子，由于身体的急剧变化，他们的心理也会产生一些变化，有的孩子由此而自卑，有的孩子却因为从小就优秀而有些自大。在他们的相处中，总是会遇到各种各样的问题，让一些孩子烦恼不已。

陈婷是个在长辈眼中非常优秀的孩子，正在读初二的她长得十分漂亮，见到长辈会主动问好，而且学习成绩不错，每次考试都是前十名，在整个年级的排名也很靠前。她从小学了很多技能：拉小提琴、绘画、跳现代舞等。

但是，陈婷并不觉得自己有多优秀，长辈们没有看到自己遇到的问题——同学们好像都不喜欢她。有时，她看到几个男生女生在闹着玩，她也想加入他们，可是自己刚一靠近，他们立刻就会散开。好几次，陈婷都觉得十分尴尬，之后就不再主动加入他们了。可是，这样一来，有的同学竟然说她高傲，对人爱答不理的。

陈婷觉得可能是自己不太会说话的缘故，她不知道该怎么和别的同学交谈，说什么话才能引起共鸣。而且，陈婷由于从小就很优秀，所以有点儿好强，如果有同学比自己强，她就会拼命努力，总是想要超过比自己强的。而且现在他们处于青春期，对与异性交往都很敏感。有时陈婷看到几个男生围着一个女生在说话，就会羡慕那个女生，自己也想成为人人都喜欢的人，也想多交几个朋友，可是为什么别人好像都很讨厌自己呢？

像陈婷这样的初中阶段孩子有很多，他们渴望有很多朋友可以一起体验青春，可是却不知道为什么总是找不对方法，别人都不愿意交自己这个朋友。有的孩子是因为自己太没有自信，不敢主动和别人讲话，总是默默地在一边看着别人玩闹；有的孩子是因为不会讲话，说话容易惹别人生气，别人自然就不愿意和他交朋友；还有的孩子是因为太要强，什么都要比别人好，太强势的人往往会没有朋友。

初中阶段的孩子还是缺乏一定的社交经验的，在和同学的关系出现问题的时候，他们会受到影响，让自己的生活和学习都不能正常地进行。而他们也不知道该如何解决这一问题，这就需要家长用自己的经验来告诉孩子该怎么做，帮助孩子分析出现问题的原因是什么，并根据原因找到解决问题的方法。

新时代的青少年应该具有宽广的胸怀，对生活和学习中出现的鸡毛蒜皮的小事不要太过于计较、耿耿于怀，退一步才会海阔天空。另外，青少年不能只看到自己的优点，看不到别人的优点，应该多关注一下别人的优点，发现自己的缺点，对别人的缺点和不足应该多理解和包容。

班级是一个大集体，每个孩子的性格都不相同，每个孩子都有优点和缺点。彼此不了解的孩子也许会因为距离美而相互吸引成为朋友，一旦近距离了解之后，就会发现对方的很多不好，有的孩子会因此而吵架，不再是朋友。其实，没有十全十美的人，作为朋友，作为同窗，应该学会包容别人。

在交往的过程中，磕磕绊绊是在所难免的，有了矛盾、误解和隔阂时，应该多沟通，大家敞开心扉、推心置腹地进行交流。沟通是心与心融合的桥梁，是思想的纽带。通过沟通，再大的误会也会解开的。

初中阶段孩子之间的友谊是纯洁的，每一个孩子都应该珍惜这样的友谊，遇到同学之间的关系出现问题的时候，应该多从自身找原因，多和朋友沟通，让真挚的感情留在初中阶段每一个孩子的心中。

想交朋友却不知道该怎么做 •

不受同学的欢迎，人缘差，这个问题困扰着许多初中阶段的孩子。每一个孩子都希望自己受大家的欢迎，能融入同学中，却因为孩子自身的一些原因，他们的人际关系并不是很好。

实际上，初中阶段孩子之间的交往是单纯的，是发自内心的，很多人能在初中阶段收获一生的友谊。同时，这些孩子之间的交往，更有利于他们适应社会，有助于他们树立坚定的信念，能让孩子在生活和学习中鼓起战胜困难的勇气。所以，在初中阶段，孩子应该多交一些朋友，可是由于孩子缺乏社交经验，有时难免会在交往中遇到各种障碍，会让自己交朋友的路途不顺。

子璇是个十分可爱的女孩，今年读初二了，最近，她整天闷闷不乐的。妈妈观察她好几天了，觉得可能是她进入青春期了，心里开始藏事情了。可是这样无精打采的情绪肯定会影响她的学习的，于是，妈妈决定好好和子璇谈一下。

子璇下午放学回到家里，刚吃完饭，就去自己的房间里了。过了一段时间，妈妈觉得子璇应该写完作业了，就端着切好的水果推开门，看到子璇在上网，她既没有玩游戏、看视频，也没有和别人聊天，只是在看别的同学发的动态。妈妈坐在子璇身旁的床边，问道："这些都是你的朋友吗？"

子璇的眼神暗淡了下来，说道："他们都是我的同学，这是他们在群里发的动态。我和他们不是好朋友。"

"那你怎么不发动态或者和他们聊天，让彼此成为好朋友呢？"妈妈疑惑地问道。

"我不好意思，平常我们并不太说话，我在群里说话，万一他们没人理我，多尴尬啊！"

"我看你这几天都不开心，是有什么心事吗？如果有心事，可以和朋友们聊一聊啊。"妈妈决定先暂停刚才的话题，转到女儿这几天的心情上。

子璇沉默了一会儿，缓缓说道："我就是因为没有好朋友才伤心的。以前都是我自己没觉得哪里不好，可是最近看到别的同学下课都好几个人一起玩，放学一起走，有的还约好周末一起出去玩。可是，我都没有朋友，也没有人约我，我很羡慕他们，但又不知道该怎么和他们成为朋友，我每天都在想方设法和别的同学多说几句话，和他们成为很好的可以一起出去玩的朋友。"

妈妈没想到子璇一下说了这么多，可能是这个孩子真的憋了太久，需要一个人来倾诉吧。妈妈更没想到，她这几天的不开心，是因为羡慕别人都成群结队，而她形单影只。

初中阶段的许多孩子都会遇到子璇这样的问题，由于自己比较内向，又很害羞，所以没有很多朋友，而在初中阶段的他们渴望有很多朋友，可是又找不到方法。

针对孩子的社交问题，父母要做孩子的心理指导老师，帮助孩子有针对性地改变自己，可以与孩子多聊一聊，看看孩子在哪一方面做得还不够，也可以通过其他方式了解孩子不受欢迎的原因。父母应该鼓励孩子与人交往，大力帮助他们结识好的朋友，建立纯真的友谊，让他们走出狭小的自我空间，在与集体的相处中感受温暖和喜悦，在心与心的交往中丰富自己的情感世界。那么，父母具体可以从哪几个方面帮助孩子呢？

首先，培养孩子的自信，尤其对于自卑、害羞的孩子，自信是人际交往中重要的一种品质，因为只有自信的人才会将自己成功地推销给别人认识。自信的人总是不卑不亢、落落大方、谈吐从容，而绝非孤芳自赏、盲目清高。自信的人对自己的不足有所认识，并善于听从别人的劝告和帮助，勇于改正自己的错误。培养自信要善于"解剖自己"，发扬优点，弥补缺点，在社会实践中磨炼自己，使自己尽快成熟起来。

其次，拥有热情。在人际交往中，热情的人总是不缺朋友，因为别人始终能够感受到他给予的温暖。热情能够促进彼此的相互理解，能够融化冷漠的心灵。因此，待人热情是沟通人与人的情感、促进人际交往重要的心理品质。父母要教会孩子拥有热情，对待自己的朋友要有热情，对待陌生人也要有热情，这样，才能交到更多的朋友。

最后，大胆社交。只有良好的品质还不够，父母还要引导孩子大胆地走出家门，大胆地与他人交往。许多孩子不敢与他人接触，其实很大一部分原因是孩子没有踏出第一步的勇气，还有一些孩子是因为自卑等心理导致孩子不敢与人交往。对此，父母要鼓励孩子多出门，锻炼孩子的勇气，只要敢踏出第一步，以后的交往就会顺畅，孩子也可以从中体会到成就感。

人际交往是一门学问，初中阶段是培养交往能力的重要时期，拥有良好的交往能力才能收获更多的朋友。父母应该鼓励孩子打开心门，让他们融入集体，让他们的初中阶段多姿多彩！

如何帮助孩子选择真正的朋友 ●

初中阶段是每个孩子的人格发展和形成期，这个时候，交什么样的朋友，与什么样的人交往，都会对孩子的一生形成影响，不但会影响孩子的言行、穿着打扮、处世方式、兴趣趣味，还会影响其价值观和对自我的认识。

交友应该是有选择的，而且要从善选择。和好人交朋友，孩子自身才能提高、完善。所谓"与善人居，如入芝兰之室，久而不闻其香"，长期与一个人在一起，自然会受到潜移默化的影响。所以，初中阶段的孩子应该慎重选择朋友。

有的父母认为孩子交朋友是孩子自己的事情，和大人没有什么关系，其实不然。因为孩子还不能清楚地分辨什么是好什么是不好，如果孩子因为不会分辨而选择了不三不四的朋友，不但会影响孩子的学习成绩，还会引起孩子的性格、行为等的变化。

小美和小颜的关系十分要好，两个人的家住得很近，而且还是同班同学，小颜经常到小美家里去"蹭饭"，两个人每天都有说不完的秘密。

最近，小颜已经好几天不来小美家里了，小美也整天都不高兴，小美的妈妈就问她是不是和小颜吵架了。因为两个女孩都已经到了初中阶段，性格会有些许的改变，也都有点儿敏感了，也许会因为一点儿小事吵架。但是一般很快就会和好的，这次几天都不见小颜来，小美的妈妈猜想可能是吵得比较厉害。

可是小美摇摇头说不是，是小颜交了新的朋友，不是自己学校里的，都是一些社会上的小青年，有男的，也有女的。现在小颜天天跟他们在一起，不和小美玩了。小美觉得自己的朋友"背叛"了自己，所以很难过。

听小美这么一说，妈妈觉得小颜应该是结交了一些不好的朋友，说不定会吃亏的，就打电话告诉了小颜的妈妈。

小颜的妈妈也觉得小颜最近几天有点儿反常，经常出去吃吃喝喝，有一次居然在小颜身上闻到了酒味！而且老师已经打过两次电话，说小颜最近几天经常不完成作业，上课时睡觉。这样看来，都是这些不好的朋友给小颜带来的影响啊。

　　小颜的妈妈就警告女儿，不能再和那几个朋友交往了。可是小颜觉得他们经常请自己吃饭，还带自己出去玩，让自己见识了很多东西，生活也变得丰富多彩了，她愿意和他们一起玩。不管妈妈怎么说，小颜仍旧我行我素。

　　就这样过了大概半个月，小颜来找小美一起去上学。从小颜的口中，小美才得知了一些事情。小美告诉妈妈，小颜的那几个朋友可坏了，有一次还勒索小颜给他们零花钱，把小颜吓坏了，再也不敢和他们一起出去了，也不敢一个人上学放学了，都是和小美还有另外一个同学一起走。

　　事例中小颜的妈妈知道孩子交了不好的朋友，可是只是告诉孩子不准再和他们交往，没有说清其中的利害关系，而小颜也没有听妈妈的话，所以才吃了亏。幸亏小颜醒悟得及时，及时断绝了和那些人的来往，否则后果不堪设想。

　　初中阶段的孩子大多数都是叛逆的，家长直接强迫孩子不与一些人交朋友，孩子可能偏要去交。对于初中阶段的孩子交朋友，父母的确不能放任不管，但是也不能强迫孩子怎么样做。因为很多时候父母的干涉，并不能对孩子的交友起到真正的引导作用，还会让孩子认为父母在限制自己的交友自由，会让孩子更加叛逆。

交朋友是件好事情，父母应该多鼓励孩子交朋友，因为接纳不同类型的朋友，多层次、全方位的朋友对孩子的发展是有益的，但是，对于一些见利忘义、损人利己的小人，父母要帮孩子辨认，然后和孩子讲讲其中的利害关系，让孩子能够远离这样的人。要知道，初中阶段的孩子容易受周围不良朋友的影响，有时会萌生拜金主义、享乐主义的思想，追求奢侈之风，放纵自己，不仅荒废学业，严重者还会因此走上违法犯罪的道路。

偶像为何让孩子如此着迷 •

说起偶像，许多人首先想到的不是电视明星就是电影明星。其实，每个人心中都有一个偶像，但是偶像并不只是这些影视明星，也可能是一个动漫人物，或者是一个科学家等能给人带来梦想的人物形象。

无论是成年人还是小孩子，他们都有自己崇拜的偶像。如果我们问七八岁的孩子："你们最崇拜谁？最喜欢的偶像是哪个？"他们可能会说"孙悟空""哪吒""奥特曼""蜘蛛侠""铠甲勇士"等。他们除了要看这些偶像的节目之外，他们可能还会买这些偶像的玩具，有的孩子还会模仿这些偶像的语言和行为，装扮成偶像的样子等。

其实，在某个阶段迷恋某个人物或者某件事情，对于孩子来说是正常的心理表现。因为他们正处于想象力旺盛和好奇心强烈的时期，当他们看到孙悟空、奥特曼、蜘蛛侠等如此厉害而且无所不能的人物时，他们的心中便充满了无限的向往和崇拜，因此，会被深深地吸引。这是七八岁孩子的心理特征。

随着孩子的逐渐长大，孩子崇拜的偶像也会发生改变，可能不再是这些动画形象，而是一些自己喜欢的影视明星等。而且随着孩子心理的不断发展，他们还可能会出现追星的行为。

追星行为是指初中阶段的孩子过分崇拜迷恋影视明星或歌星的行为。心理学家认为，崇拜明星是青少年时期孩子的重要心理特征之一，是孩子青春期心理需求的反映。许多父母对于孩子的追星行为感到不理解，并认为这样会耽误孩子的学习。于是，父母就会粗暴地阻止孩子的追星行为。

其实，孩子追星并不是什么可怕的事情，父母不必太过担忧。孩子开始追星，说明孩子逐步融入社会，这是孩子社会化的表现，也是他们成长的必经阶段。孩子在小的时候，大多是崇拜父母，整天黏着父母。随着年龄的增长，孩子开始将崇拜的感情从父母身上转移到别人身上。

一般情况下，孩子在13岁左右就会产生逆反心理，开始有挑战父母权威的欲望和倾向。与此同时，孩子失去了对父母的崇拜，便要逐步寻找别的对象来让自己变得强大，有能力与父母抗衡。孩子崇拜的对象可能是公众人物，比如歌星、影星、运动员或画家等，也可能是他们身边的老师和学长、学姐等。

其实，追星本身并不过分，也没有什么可以批评和批判的。只是时下有些孩子追星过度，他们把大部分时间和精力都花在追星上，有的人甚至花大价钱跟着歌星进行全国巡演，他们觉得好像这样就可以和歌星建立某种更加亲密的关系。之前有过相关报道，有的人由于追星过度，对自己和家人造成了十分严重的不良后果。所以，父母要反对的是孩子的过度追星。如果孩子只是对明星有简单的崇拜和喜爱，父母则不必多加干涉。

孩子之所以把明星设定为自己的偶像并加以追逐，除了他们外表光鲜之外，一定还有其他原因，比如明星对艺术的不懈追求，对工作的认真态度。如果孩子能够正确而全面地认识自己的偶像，并视之为榜样，那未尝不是一件好事，因为孩子可以因此学到偶像身上值得学习的东西。

韩华今年上初中二年级了，从上初一开始，韩华觉得自己的视野开阔了，以前自己就知道学习，上初中之后，爸爸买了一台电脑，供韩华学习使用。一开始，韩华只是用电脑来查资料，后来，他也会用电脑上上网、聊聊天、看看电影……有时，韩华看到自己喜欢的明星演的电视剧，他就会追剧。没法去现场看演唱会，他就在电脑上看。

妈妈最近发现韩华有些不对劲，每次韩华在电视上看到外国的摇滚歌星就兴奋到不行，满口都是那些明星的近况，他们在哪里举办了演唱会，又在哪里有签唱会等。要是让他说学习的事情，他倒是立马就闭嘴了。

有一天，韩华听说有一个摇滚乐队要来附近的城市举办演唱会，他便和几个朋友约好了要去看现场。但是他没有钱买门票，而且演唱会的时间还是上课时间。但这都没有阻止韩华的行动，他自己不吃饭省钱，还把自己存了几年的存钱罐打碎了拿出钱来买票，又旷课和几个朋友一起去看演唱会。

　　由于韩华平常住校，只有周末才会回家，所以爸爸妈妈不知道韩华旷课去看演唱会的事情。直到学校老师打电话给韩华的爸爸，告诉他说韩华最近两天都没有来上课，爸爸妈妈才知道韩华并不在学校里。最终，韩华回到学校后，爸爸妈妈才弄明白事情的原委。

　　爸爸妈妈没想到儿子居然这么迷恋摇滚明星，难怪他的成绩会下降呢，难怪他平常怎么也不肯剪头发，非要留长头发呢！原来他是想把自己也打扮成摇滚歌手啊！妈妈生气地到韩华的房间，把墙上的海报全撕了下来。等韩华回来之后，又强迫他把头发剪掉了。可是即使这样，妈妈也没有换来韩华的顺从，而是让他更加叛逆，他的成绩只降不升，母子关系也变得更加紧张。

　　上面的例子展现了一个热衷于追星的孩子和担忧的妈妈之间关系恶化的过程。许多父母认为孩子崇拜偶像、追星是不可取的，这不但会浪费时间和精力，还会影响学习。父母认为孩子与其崇拜这些明星，还不如崇拜李白、钱学森这样的人物，他们还能促进孩子的学习呢。但是，孩子却认为自己喜欢电影明星、歌星并没有错，因为每个人都有权利追求自己喜欢的东西。

其实，两代人对追星的看法不同是很正常的，而且孩子的行为本身相对比较激进，父母可以稍微理解一下孩子追星的行为，只要不是太过分，不至于影响孩子的学习就可以。孩子在成长的过程中会逐步调整和修正自己的行为，父母不必太过担忧。但是，调整行为是需要一定时间和过程的，如果父母不明所以就对孩子的追星行为进行粗暴干涉，那么，很有可能会适得其反，让孩子的逆反心理越来越严重，以至于影响亲子关系。

当然，对于孩子不健康的追星行为，父母则要及时制止。不健康的追星行为，是指孩子对偶像的崇拜已经超出了合理的范围。例如，有的孩子听说自己喜欢的某位明星结婚了，就大发脾气，甚至会认为自己受骗了。有的孩子甚至觉得只有自己才有资格和偶像结婚。如果孩子有这种倾向，父母一定要及时进行开导，否则这会影响孩子的学业和身心健康。其实明星也是人，也有优缺点，只不过因为他们总是出现在公众领域，所以更加吸引大众的目光罢了。父母要告诉孩子，明星有自己的生活，我们也有自己的生活。我们不能沉溺于别人的生活中不能自拔，我们应该将更多的时间用在学习和生活中，实现自己的价值。

第五章

全面发展，培养孩子对初中各科的学习兴趣

孩子偏科，要理性引导，全面发展 ●

孩子偏科，是普遍存在的一种现象。对于初中阶段的孩子来说，偏科是他们成长过程中不可避免的现象。这与初中阶段孩子特定的心理、生理以及课程的加重有着密切的关系。父母一定要给予足够的重视，及时纠正孩子的偏科现象，坚持各科全面发展。

初中阶段的孩子正处在形象思维和抽象思维的过渡时期，特别容易对一些比较形象的科目感兴趣。同时，外部环境也容易导致孩子偏科，比如老师教学方法是否得体、教学质量的优劣、个人素质的高低、责任心的强弱等，都会直接影响孩子对科目的喜爱与厌恶；有些社会思潮会渗入孩子的学习中去，比如"学什么挣得钱多""学什么以后容易找工作"等，都可能会影响到父母和孩子的学习心态；有的是学习方法不对，孩子感到学习某一科比较困难，进而丧失学习这门课的兴趣和信心……

小星是个初中生，以前小星的成绩非常好，每次都是班里的第一名，在全年级排名也很靠前。这让父母非常高兴，他们经常夸奖小星，在亲戚朋友面前也觉得特别有面子。

后来，小星开始学习物理、化学，这两门课让小星非常头疼，虽然小星还是一样地努力学习，可是成绩始终不如意。在最近的两次月考中，小星的成绩明显出现了下滑。如果撇开物理和化学，小星的成绩还不错，可是只要加上这两门课，他的名次就会下降很多。为此，小星感到很难过。

爸爸妈妈现在也不好意思再向别人夸奖孩子学习好了，而且妈妈还帮小星报名参加了一个辅导班，专门补这两门课。可能是小星有畏惧心理，虽然参加了辅导班，但成绩也没有提升，反而因为在这两门课上投入的时间和精力太多，耽误了学习其他功课的时间，其他功课的成绩也出现下滑，小星烦恼极了。

为了学好物理和化学，小星常常学到很晚，连晚上做梦都是在学习，有时还会因梦到物理或者化学不及格而惊醒。小星很想学好每一门功课，更害怕现在基础打不好，将来上高中之后会越来越困难。

其实对于偏科的现象，家长不应再给孩子施加压力，孩子本身已经有很大的学习压力了，这时家长不妨帮助孩子找找偏科的原因，然后找到合适的解决方法，或者是孩子学习这门功课的方式方法不对，或者是因为老师的讲授不是孩子能接受的程度等。这个时候切记不要再批评孩子，避免让孩子对这门课失去兴趣或者丧失信心，进而无法提高成绩。

有些孩子因为学不好某一门课，就失去对这门课的兴趣。对此，父母首先应该鼓励孩子逐渐靠近不喜欢的学科，加强对弱势学科的学习。有研究表明，只有当某知识领域的实际知识累积到了一定的水平时，孩子才会产生对这一领域的兴趣。因此，对于不太感兴趣的科目在开始时就要多花些时间和精力，随着学习的逐渐深入，对某些科目了解增多，孩子学习这门科目的兴趣就会逐渐培养起来。

另外，针对孩子因为偏科而产生的自卑心理，家长要让孩子相信，只要自己掌握了科学的学习方法，并愿意付出精力去学习，就没有学不好的科目。家长可以和孩子一起找出学习的薄弱环节中的可取之处，哪怕只有一点儿，家长也可以据此对孩子进行鼓励，让孩子有"我竟然在这门最差的学科上也有过人之处"的吃惊想法，通过赞扬，让孩子获得一种积极的自我暗示，这样通过一段时间的努力，孩子就会取得更好的成绩。

当然，每一门功课有其自身的学科特点，而每个人也都有自己的学习方法。孩子只有了解学科的特点，根据这些特点找到适合的学习方法，才能更好地学习这门功课，而且学习起来也会轻松许多，效率也会提高。从而孩子学习的欲望会得到增强，成绩自然就会提高。

培养孩子学习英语的兴趣 •

当孩子们在接触英语的时候，已经过了学习语言的最好时期，这个时候孩子对语言的学习就没有了太大的兴趣。所以，想让孩子学好英语，就要让孩子对它产生兴趣，把学英语当成一件开心而愉快的事情去做，而不是让孩子硬着头皮去应付。

众所周知，在学习过程中，兴趣是最好的老师。许多孩子不愿学英语，关键是他们对英语没有兴趣。因此，作为父母，首先应该先去激发孩子的学习兴趣。

1. 迁移孩子的兴趣，激发求知欲

让孩子学英语是一件让很多父母都头痛的事。学好英语需要持之以恒的毅力，而有的孩子缺乏的往往就是这种锲而不舍的精神，如果只是从正面向他们大谈学好英语的种种好处，恐怕收效甚微。如果能把孩子在其他方面的兴趣，迁移到学英语中来，则可事半功倍。

2. 用口诀帮助记忆，提高学英语热情

英语语法规则，词的用法区别，发音规则等，常常让孩子因为达到一个新的水平感到迷惑。有鉴于此，父母可以编一些口诀来帮助孩子记忆，降低学习难度，使孩子学英语的热情升温。

3. 制作学习工具，激发学习英语兴趣

对于初学英语的孩子来说，直观教学尤其显得重要。一般初学英语的人适合用这个方法。因为初学者所接触的词汇量比较少，所学的单词也比较简短，词与词之间的联系也不多，容易记忆。所以，可以做一些小卡片，把生词写在上面，然后随身携带。这样，就可以激发出孩子学习英语的兴趣了。

4. 自编短剧，调动学习积极性

学习要"学以致用"，而英语的学习更是如此。父母要让孩子在学了英语后，要会开口说英语。所以，父母可以和孩子一起表演书本里面的情节，或是自己编一些情节来演。这样可以让孩子处于一种积极主动的学习状态，也能培养孩子的创造性思维能力。

5. 开展竞赛，调动学习兴趣

孩子一般都有进取心和荣誉感，孩子的竞争意识更加激烈。将孩子的这种竞争意识引入到学习英语中来，则是一种非常有效的形式。比如，平常在家的时候，父母可以和孩子搞一些竞赛。孩子的好胜心一旦被激起，学起来也就会容易多了。

总之，兴趣是推动孩子学习的内存动力。父母要为孩子多创设一些能激发孩子学习兴趣的方法，以提高孩子的英语水平。

学英语是一个漫长的过程，走走停停很难有成就。比如烧开水，在烧到 90 摄氏度时停下来，等水冷了又烧，没烧开又停，如此周而复始，又费精力又费能源，最后还很难喝到开水。学英语也是一样，要一鼓作气，天天坚持，在完全忘记之前要及时复习、加深印象，如此反复，直至形成永久性记忆。

学习英语的人都知道，记忆单词是英语学习中面临的难题和任务。英语是拼音文字，26 个字母经过排列组合构成几十万个英语词汇，如果只靠死记硬背，那真是太难了。但是，如果科学巧妙地抓住规律去记忆，采用灵活的记忆方法，就会收到事半功倍的效果。下面推荐几种记忆单词的方法。

1. "五用"法

所谓的"五用"法就是：用眼睛看着、用嘴巴念着、用耳朵听着、用手写着、用脑子记着，达到眼、口、耳、手、脑同时并用。要知道，学习和记英语单词时需要精力集中，需要调动这五种感观来参加训练学习，以获得最佳效果。这种方法可以提高学习效率，以达到最好的学习效果。

2. 理解法

这种方法就是要利用单词之间的各种联系，按照不同的类别，一类一类地学。比如把重读音节的读音相同，拼写的结构相同，词性相同，词义相反或相近的词进行科学的分类集中地去学。这样学习，就会让七零八散的单词有了可以遵循的规律，记忆起来也就会容易多了。

3. 奇想法

那些奇异独特的事物总能给人们留下深刻的印象，孩子们对那些奇特的事情更是有着强烈的好奇心，也都喜欢去想一些奇怪的事情。如果把英语单词造出一个个奇异的特征，让它们都有鲜明的形象特征，让孩子采取奇特的趣味记忆，他们就会记得更牢固，效果也就会更好。

4. 分类法

这种方法就是把英语单词按照它本身的性质、用途等进行归纳分类，使它们系统化，这样就容易记忆了。它们之中有可以分为人体部位的,有可以分为学习用具的,还有可以分为交通、动植物等多种多样。这样一来就可以活学活用，更可以方便记忆了。

记忆英语单词的方法很多，不要只局限于以上几种，像是比较记忆法、机械法，等等。但是，不管采用哪种方法记忆，都需要把学习过的单词经常复习，做到"温故而知新"，才能熟能生巧。

要想孩子真正学好英语，就要训练孩子的口语，要想训练孩子的口语，就必须让孩子找出要说的话题，可有的孩子学习口语时经常会遇到的一个问题就是觉得"没什么可说的"。说来说去还是那几句，不是"What is your name"就是"How old are you"，慢慢地，兴趣也没了，热情也淡了。为此我们创立了"五说法"，在教学实践中很受欢迎。孩子们再也不为缺少可说的话题而苦恼了。这"五说"依次是：

1. 概说（General Description）

"概说"就是在预习课文的基础上，经过思维，用三、五句话加以概括总结课文中心思想或主要内容。这样做，既培养了孩子们的思维能力，又综合检验了学生们的基础知识掌握情况和运用能力。

2. 变说（Paraphrase）

"变说"就是充分发挥孩子模仿性强的特点，用所学知识来改变局部课文的原来写法，重新组织文字，进行表达的一种训练方式。由模仿到创造，举一反三，融会贯通，有利于求异思维的培养。

3. 补说（Making Up）

"补说"是就特定语言环境扩散联想，进而由孩子对原文进行补充的训练形式。先给孩子一定的语言环境，然后启发孩子的扩散思维想象能力，对理解记忆中的表象进行加工改造以后，得到一种新的形象思维，或更精炼的逻辑思维。

4. 评说（Discussing and Commenting）

"评说"是一种更高层次的思维训练。要求孩子必须加深对文章中心思想的理解，捕捉文章中主人公的心理活动，鉴赏挖掘课文的真正思想，在此基础上利用英语来表达自己对文章主题或主人公性格特点的评价与认识。这样既提高了英语口语能力，更训练了思维能力。

5. 推说（inference）

用英语进行推断讲述，是一种升华，这种训练也是很必要的，是让孩子利用所学语言进行创造性思维的过程。

实践证明，"五说法"是提高英语水平和表达能力的好方法。通过近几年的训练，不少孩子已达到或超过了"英语教学大纲"的要求，能够独立阅读和理解与课文难易程度相当或高于该程度的课外阅读材料。

培养孩子学习物理的兴趣 ●

有些孩子一提到物理就头疼，问及原因也是各种各样，十分复杂。父母千万不要因为孩子不能学好物理而认为孩子"脑子笨"或是"不用功"。其实，学习的好坏不只是取决于智力因素，更多的时候是取决于父母的态度。只要父母耐心地对孩子进行辅导，让孩子从学习中得到乐趣，久而久之，孩子就会对物理产生兴趣了。

其实，物理这门学科最大的特点就是"趣"，因为，在这门课程中有很多有趣的小实验。所以，父母要充分发挥实验的魅力，用它来激发孩子的学习兴趣。这样就会让孩子对物理产生兴趣，让孩子变得爱学物理，有信心学好物理。

物理学是一门以实验为基础的自然科学，物理学的研究离不开观察和实验。

观察是在事物或现象的自然状态下，让人通过感官去认识事物或现象。可以说，没有观察就没有物理学。大家知道，牛顿发现万有引力定律，是和开普勒发现行星运动三定律密切相关的。开普勒是一位视力极差的天文学家，他的研究素材完全依靠他的老师、天文学家第谷长期进行天文观察的结果。第谷在赫芬岛上建立了天文台，在那里辛勤观测了 20 年之久。每当夜深人静的时候，他都在月下静坐，凝视天空。他的工作细致、准确到令人惊讶的地步——他测量的各个行星的角位置的误差小于 0.067 度（这个角度大约相当于把针尖放到一臂远处，用眼睛看到针尖所张的角度）。不要忘记，第谷的测量是在望远镜发明前用肉眼进行的！第谷逝世后，把观察所得的浩若烟海的资料传给了开普勒。第谷长于观察，但缺乏理论思维能力；开普勒勤于思考，他对第谷的资料进行了长期的研究。可以说，没有第谷的精确观测，就没有开普勒三定律，就没有万有引力定律，就没有整个牛顿力学。可见，观察对物理学是何等的重要！所以，父母要在平常的生活中让孩子学会观察，这样孩子对物理的兴趣就会有所提高了。

有了兴趣，养成观察的习惯，再掌握一些特有的思维方法，孩子的物理成绩自然就会提上去了。在初学的时候，物理规律并不多，但物理现象和过程却千变万化。所以，孩子只掌握基本概念和规律是不够的，还必须掌握科学的思维方式。只有掌握了科学的思维方法，才能提高推理能力、分析综合能力以及把复杂的问题分解为简单问题的能力，灵活地运用所学知识去解决物理问题。

1. 分析与综合的方法

分析是把研究对象分解成各个组成部分，然后再加以研究的一种方法，简而言之，分析就是从整体到部分的思维方法。在力学中常用的"隔离法"，就是一种分析方法。

2. 归纳和演绎的方法

从个别事实出发，推出普遍性结论的方法称为归纳法，归纳是从个别到一般的方法。从一般性知识的前提出发，推出特例性知识结论的方法称为演绎法，演绎是从一般到个别的方法。牛顿说过："在实验中各个定理都是从现象中推论出来的，然后再通过归纳而成为普遍的原理。"爱因斯坦也说过："适合于科学幼年时代的归纳为主的方法，正在让位于探索性的演绎法。"总之，牛顿和爱因斯坦，这两位物理学的专家都从不同角度出发，对归纳和演绎的方法给予了高度的评价。

所以，孩子在学习物理的过程中也要让他善于归纳。例如：对于大量的物理习题，要善于归纳，找出某一类问题中隐含的共同的本质规律，也就是"多题归一"。这样可以帮助孩子从茫茫题海中解脱出来。

3. 理想化方法

物理学研究的理想化方法包括理想实验和理想模型。所谓理想实验，就是指运用逻辑推理手段，想象出对理想化客体的"实验"，实际上是一种逻辑推理过程，是在思想上"做实验"。伽利略的理想斜面实验就是首创了把经验事实与抽象思维结合起来的研究方法，爱因斯坦给予其高度评价："伽利略的发现以及他所应用的科学推理方法，是人类思想史上最伟大的成就之一。"

4. 对称方法

对称也是一种重要的思维方法。开始的时候，人们接触到的是几何图形的对称性。以后，随着人们对自然界认识的深化，对称的概念已不局限于空间图形了。例如，季节的轮回、钟表等时间上的周期性可以理解为时间的对称，自然界运动规律在空间和时间中的不变性则是运动规律的对称等。对具体的物理问题而言，运用对称的方法往往可以化繁为简。

5. 几何方法

用图形来研究物理问题也是一种常用的方法。美国数学家斯蒂恩说："如果一个特定的问题可以转化为一个图形，那么，思想就整体地把握了问题，并且能创造性地思索问题的解法。"用图形来研究物理问题，具有直观、形象、便捷的特点。从思维方式的角度看，用图形研究物理问题是形象思维与抽象思维相结合的好方式。物理学中的几何方法主要是指图示法和图像法。图示包括矢量图、力线图、流线图、谱线图等，基中矢量图是孩子们最熟悉的。

总而言之，物理是需要兴趣、观察和方法结合在一起才可以学好的。所以父母要注意培养孩子在这几个方面的能力。让孩子先对它产生兴趣，再进行观察，最后结合方法，最终达到学好物理的目的。

培养孩子学习化学的兴趣 ●

化学是自然科学的重要组成部分，它侧重于研究的组成、结构和性能的关系，以及物质转化的规律和调控手段。化学课程以提高孩子的科学素养为主旨。激发孩子学习化学的兴趣，可以帮助孩子了解科学探究的基本过程和方法，可以培养孩子的科学探究能力。

通过学习化学，让孩子能够认识身边一些常见物质的组成、性质及其在社会生产和生活中的应用，能用简单的化学语言予以描述；让孩子形成一些最基本的化学概念，初步认识物质的微观构成，了解化学变化的基本特征，初步认识物质的性质与用途之间的关系；让孩子了解化学与社会和技术的相互联系，并能以此分析有关的简单问题；让孩子初步形成基本的化学实验技能，能设计和完成一些简单的化学实验。让孩子能够认识科学探究的意义和基本过程，能提出问题，进行初步的探究活动；让孩子初步学会运用观察、实验等方法获取信息，能用文字、图表和化学语言表述有关的信息，初步学会运用比较、分类、归纳、概括等方法对获取的信息进行加工；让孩子能用变化与联系的观点分析化学现象，解决一些简单的化学问题；让孩子能主动与他人进行交流和讨论，清楚地表达自己的观点，逐步形成良好的学习习惯和学习方法。

化学需要记忆的知识较多，化学用语的掌握是化学课程的重点。化学用语具有"约定俗成"的特点，必须通过强化记忆来掌握。可以利用顺口溜、生活术语等方法来帮助快记、熟记，这样既把住了"说、记、用"三关，又培养了孩子严谨的学习作风。

对化学的学习是一个系统工程，从一开始就要进入角色，让孩子把学过的有关概念、元素化合物的知识，通过实验观察认真地去理解去分析，同时要及时地进行复习，要抓住问题不放手，这样学习过程中的问题会逐渐减少，才能让孩子树立学好化学的信心。化学学习的内容与生活的实际直接相关，比如：空气、氧气、氢气、水和溶液都和日常生活有联系，因此，想让孩子学好化学不难，但是有些知识特别是化学用语这一部分，像元素符号、化合价、化学式、化学方程式等，应该记忆的知识孩子还是需要下一番苦功才行。

1.掌握"化学用语"这个工具

"化学用语"是在学习化学的时候必须要掌握的重要工具，课堂学习、化学实验、化学记录、化学习题计算都离不开它。既然它这么重要，那么，应该怎样加强这方面的学习呢？想要加强这方面的学习就要抓住三大关，也就是元素符号、分子式、化学方程式。当它们出现的时候，一定要紧紧记住。

2.分析、理解，找出规律

化学中的一百多种元素，要怎么记才能记得住，记得牢呢？其实，可以让孩子反复分析和理解。在里有两种方法，第一种方法：从周期表中可以看出，左下方的元素是金属元素，右上方的元素都是非金属元素，金属与非金属之间有一明显的从硼到砹的分界线。有的同学为了帮助记忆还编了一首歌谣："从硼到砹画条线，金属都在左下边。右上全是非金属，非金属不满二十三（22）。还有元素靠近线，它们都把两性显。"这样一分析，复杂的周期表就好记多了。

3. 相关知识，进行连锁记忆

例如，同周期元素（除惰性气体外）自左至右原子结构和化学性质的递变关系为：核电荷数递增→核对外层电子的引力增大→原子半径减小→得电子能力增强→氧化性增强→非金属活动性增强。

这样用核电荷数递增这条主线将相关知识贯穿起来记忆，就容易融会贯通了。

培养孩子对其他学科的兴趣 ●

历史、地理、生物这三门学科普遍不被重视，但是，为了让孩子能够成为全能的人才，父母必须让孩子把这三门学科也作为重点来学。这样才不会有偏科的现象发生。

1. 培养孩子对历史的兴趣

历史是世界上各民族共同创造的，是全人类智慧的结晶。几千年来人类在各个领域的实践里取得了丰富的经验，也提供了许多深刻的教训。

历史兴趣的培养可从如下几个方面入手。

第一，认识学习历史的重要性。人们常说"历史是真理的母亲""历史是生活的镜子"，这些话都充分说明了历史这门学科特有的功能。如今，历史学的功能较以往更广泛、更深刻。随着社会迅速发展和竞争的日趋激烈，知识单一型人才将越来越不适应社会的需要。通过学习和研究历史，则能培养人们的历史意识、历史思维和历史方法，从而提高整个民族的文化素养和历史认同感。

第二，调动孩子学习的能动性。心理学家告诉我们，人的情绪具有感染性和扩散性，"感时花溅泪，恨别鸟惊心"，正反映了人们的这种心境。体现情感学习风格，首先要有强烈的爱憎分明的情感。这种内在的情感和外在的表情总能在学习中真实地流露出来，这样就会激发起孩子相应的情感体验，并能让孩子随着父母讲述历史时感情的起伏或激奋或悲哀，因此，只有让孩子体会到教者的"情真意切"，才能"感受至深"。同时，还要让孩子经常参加丰富多彩的课外活动，寓学于乐，拓宽孩子学习历史的视野。

2. 培养孩子对地理的兴趣

学习地理首先要在头脑中形成正确的地理表象。地理表象就是地理位置、地形（如山脉、河流）以至地图等地理事物在人脑中所形成的表象。这些正确表象的形成是理解地理知识的基础。想要让孩子对地理产生兴趣，需要从下面两个方面做起。

第一，为孩子创设问题的情境。所谓"问题"，是指孩子迫切希望获得解答的关于地理内容的疑问。"学则须疑"，所谓"问题的情境"是指能使孩子提出问题或接受父母提出的问题，从而产生好奇心与学习愿望的情境。问题的情境由问题的背景、问题的系列、体系共同构成。问题不断明确着孩子认识活动的远近目标，激化着已知与未知的矛盾，推动着孩子认识活动的发展。

第二，为孩子创设成功的情境。所谓"成功的情境"，也就是使孩子成功地学习，使他们的好奇心与学习愿望获得满足，从而体验到认识活动快乐的情境，也就是使问题情境中的问题获得解决的情境。

没有问题的情境，难以激发孩子的认知需要，没有需要就不会去追求满足，则无所谓成功的情境。没有成功的情境，问题情境激发出的认知需要之火会自然熄灭。问题的情境与成功的情境互为条件。孩子的地理学习兴趣在两种情境的反复呈现中形成和发展。

3. 培养孩子对生物的兴趣

生物是一门实验性很强的学科，要想掌握它，就必须让孩子亲自观察、实验。

生物中的观察首先要明确观察目的。不管是观察标本、实物还是观察实验，都要先经过预习，了解观察的目的性，才能使自己的注意力集中在所需观察的对象上，才能进行细致的观察，才能对观察的对象有清晰的感知。

其次，要按合理的程序观察。观察的步骤和方法一般要由对象的整体到部分，再由部分到整体。观察应先指向对象的整体，对整体有一个初步的、一般的、粗略的认识后，再分出对象的各个部分，先看上面、前面，后看下面、后面，由外到内，由表及里，养成按顺序观察的习惯。观察时要细致，以了解其特点、作用、各种细节以及各部分之间的联系，从而对整体获得确切的全面的深刻的认识。

最后，观察时要用多种感官和分析器。不仅要用眼看，也要根据对象的实际情况运用听觉、触觉等器官细致感知。观察时要积极思考，将生动的直观与抽象思维相结合，形成正确的概念、判断和推理，认识事物的本质。

此外，还要让孩子及时做好观察记录。记录观察结果既可以巩固成果，又能促进孩子细致观察和思考。

培养孩子对文学的兴趣 ●

瑞士心理学家皮亚杰说："兴趣是能量的调节者，它的加入便发动了储存在内的力量，足以使工作变得有乐趣。"兴趣是最好的老师，孩子对文学的浓厚兴趣是使孩子积极地接受文学熏陶的关键。然而，在现实生活中，有些父母却在扼杀、压制孩子的文学兴趣。

首先，父母为孩子选择不合适的书。比如太过艰深的书，离孩子生活太遥远的书，过于"成人化"的书，还有恐惧、悲伤、阴郁等消极情绪的书，枯燥乏味、教条化的书……，孩子在阅读这类书籍时，心理上是不但难以获得审美愉悦感的，反而会产生厌倦、反感、烦躁等情绪。

其次，是父母对孩子的阅读进行过多的干扰。当孩子独立意识逐渐增强时，他们会希望自主、自由地读书，如果父母总是用"你怎么还没读完那本书"之类的话干预他们，就会激发同孩子的逆反心理，进而让孩子对书本感到厌恶。

最后，父母用分析语文的办法指导孩子读书。读文学书籍，贵在产生情感共鸣，获得美学享受。然而，有些父母却按着应试教育的思路，把文学作品一篇篇"肢解"成字、词、句、段、中心思想，这种做法违背了文学欣赏的基本规律，无异于焚琴煮鹤，大大倒了孩子的胃口。

那么父母应该怎么做才能让孩子对文学感兴趣呢？要知道，在孩子的心目中，父母是当然的权威。父母的价值评论方式，也会潜移默化地渗透给孩子。所以，要培养孩子对文学书籍的热爱，父母就应该反复地表示出自己对读书的赞赏，对文学的赞赏，对热爱书籍的人的赞赏。让孩子从小树立"读书是有用的"和"读书是有趣的"这种观念。

假如孩子的阅读基本功很强，只是讨厌书本，那么问题可能出在家庭内部。可能是家里给了他这样那样的压力，逼得他暂且造反。在这种时候，父母千万不能对孩子施以高压，而是应该为他创造一个宽松自由的环境，逐渐培养他的读书热情。

孩子不爱读书，那么他喜欢什么呢？找出孩子喜欢的东西，然后从这些东西上找出能够让孩子感兴趣的书籍。比如，一些孩子喜欢科学知识，那么就从科普读物、游记和科幻小说开始好了。他喜欢足球？好，父亲陪着儿子看看足球比赛，然后不动声色地给他一本世界杯足球画册作为礼物，孩子津津有味地读完了这本书，他开始感受到了读书的快乐。那么，再给他一些这方面的读物：球星的传记、描述体育比赛的报告文学和小说。除了这样做之外，父母还可以收集一些名人读书的故事讲给孩子听，在孩子书桌前挂一条有关读书的格言，送孩子几本介绍名人少年时代读书立志的传记。这些途径能以榜样的力量激发孩子阅读的积极性。

父母也可以在孩子身边寻找一些典型事例。父母少年时学习的经历是很适合讲给孩子听的。如果邻居或亲戚家有乐于读书的小孩，也可以激励自己的孩子与他们竞赛。

在孩子阅读的过程中，父母一定要以不断的表扬、肯定、赞美来点燃孩子的自信心。这种赞美性的话语应该是有针对性的，例如："我发现你今天又学会了一个新词语，真聪明"，或"你对这本书的见解很有新意，连爸爸也受了你的启发"，这样的评语可比泛泛而谈的"不错，读得好"要强得多。孩子在阅读中时常会产生畏难情绪，这时，父母也依然要用肯定性的话语激励他们，例如："这本书对你这个年纪的孩子是难了一点儿，不过你很聪明，妈妈相信你一定能读懂它"，就是很好的鼓励性话语。

在孩子的阅读取得明显进步时，父母应该给予一定的奖赏：一本书、一套精美的书签、一个笔记本或一次全家的郊游。不断的鼓励会帮助孩子树立自信心，以更浓厚的兴趣和更恒久的耐心对待文学阅读。

鼓励孩子在家人以及亲戚朋友面前朗读诗歌、讲故事等。父母和其他观众在听孩子朗诵时都要尽量地专注和热情，并给予孩子赞美和肯定。

当孩子读完一本书后，父母可以为他举办一个"读书成果报告会"，让孩子复述书中的故事，或谈读书的体会等。

激发孩子的创作欲望。为他准备一个本子，把孩子自己讲的故事、精彩的句子以及各种各样的奇思妙想记录下来，然后让孩子为它们配上插图，做成一本孩子自己的书。

鼓励孩子写信，让他交几个通信朋友。

鼓励孩子记日记，让孩子每天用十几二十分钟倾吐一天的喜乐悲伤，记录一天的观察感受，展开想象的自由翅膀。久而久之，使孩子将写日记视为一种生命的需要。

还有一种办法能让孩子对文学具有浓厚的兴趣，那就是全家人一起读书，多开展一些家庭性的读书活动，这是培养孩子阅读兴趣的最好途径。读书活动，可以通过很多种方法来进行。

讲故事。故事最能诱发孩了的文学兴趣。大部分作家和文学爱好者都是从听故事开始培养阅读的兴趣的。著名作家冰心，早在四岁就迷恋上了故事，七岁时，她每天晚上缠着舅舅讲《三国演义》。后来舅舅没空了，她没有法子，只好自己捧着《三国演义》"啃"起来。从此，她就迷上了读书，迷得如痴如醉。

朗读。许多教育学家大力提倡家庭朗读，并且把它视为引导孩子接触优秀作品、激发孩子文学兴趣的良方妙策。通过朗读，孩子更容易感受到作品的美和趣味，而且，全家人欢聚一堂朗读文学作品的欢乐气氛也会感染到孩子，使孩子从一开始就了解到，文学阅读是一件多么美妙的事情。

讨论。全家性的读书讨论活动可以很正式。比如，父母可以抽出一个星期天的下午办"家庭读书讨论会"，每个家庭成员都要谈谈自己近来阅读的书，其他人则提出问题和加以评论。这种活动也可以邀请更多的人参加，如邻居、亲友、孩子的小伙伴们。更多的时候，有关读书的讨论可以更自由地进行，如饭桌上、电视机前、晚上临睡时。父母应该尽可能地启发孩子的思考，鼓励他们主动地阅读、创造地阅读。

专题性的阅读。围绕一个主题进行家庭性的阅读可以让孩子和父母有更多的共同话题，也可以使家庭读书讨论进行得更加深入。电视里正在放《三国演义》，家里便可以围绕三国展开一段时间的专题阅读。父亲负责史书的阅读和史料的收集，母亲阅读有关《三国演义》的评论，孩子则看少儿版的《三国演义》和三国故事。这样，晚上看电视的时间也就是家人共同讨论阅读成果的时间。娱乐与学习相互融合、相互促进。

这样的方式还可以找出许多许多种，如果父母能怀着爱心珍惜孩子前进的每一步，孩子就能够在自己的成长中体会到无穷的乐趣。

培养孩子对作文的兴趣 •

在中小学这一学生作文起步的阶段，父母们首先要做的，应该是像德国教育家第惠多斯所说的"教学的艺术不在传授本领，而在于激励、唤醒、鼓舞"，以实现孩子"易于动笔"，"乐于书面表达"，对作文"有兴趣"的目的。要达到这个效果，父母在教孩子写作文的时候应遵循以下四个原则。

1. 生活性原则——让孩子的作文贴近生活，因生活而美丽

英文学习的外延与生活相等，作文也不例外。作文言之无物，内容空洞，没有时代感，其根本原因是在于：家长在家里引导时，让作文的主体——孩子，远离了文章的源泉——生活。因此，一方面父母不能把孩子限制在单一的读书学习上，应创造条件让孩子向生活靠拢，融入生活，多参加各种活动，体验生活中的各种情感；另一方面要让孩子明白作文就是应生活之需，切生活之用，为真情而写，为兴趣而写，为交际而写，为自己的酸甜苦辣、喜怒哀乐而写。同时，让孩子的作文题目不受拘束，允许他们自由选择，写自己关心的、相信的和想说的话。当孩子的生活丰富多彩了，孩子的作文也就会"美丽"起来。

2. 激励性原则——让父母的赏识成为孩子作文的动力和快乐

同样一篇孩子的作文，用挑剔的目光放大它的不足之处与用赏识的目光去挖掘它的闪光点，留给孩子的感受和产生的效果是

截然不同的。前者往往让孩子越写越没意思，看到的总是自己的缺点，而后者却让孩子写作的兴趣越来越浓，哪怕孩子的作文并没有什么进步。"诚于嘉许，乐于称道"，应该是兴趣培养的加油站。

3.读写互动性原则——让阅读融入孩子的心灵，因阅读而美丽

假如让繁重的课业负担剥夺了孩子阅读课外书的时间和条件，加上学校某些老师在阅读教学中的机械讲解与灌输，孩子就会疏远排斥阅读，必然会造成"读写分离"。当孩子不能从阅读中获得快乐，也就不能去体验作文的快乐的。只有让阅读融入孩子的心灵与精神世界，他们才会产生表达的需要与激情。要做到这一点，首先父母要督促孩子坚持阅读，通过和孩子分享读书体会，对孩子进行潜移默化的影响。另外，家长不妨也写一下作文，让孩子从父子、母子交流中体会作文的快乐，产生写作文的欲望。

4.实用性原则——让孩子把作文"用"起来，在"用"中兴趣盎然

传统的作文练习，除了个别孩子的作文能被当众阅读或刊登外，绝大多数孩子的作文都是写了之后让老师或几个学生互相改过之后就完事了，成了一个封闭的没被"用"起来的东西。如何刺激孩子对写作感兴趣，使他们都能有机会把作文"用"起来呢？这就必须在"相互交流"与"自我展示"上努力。比如，随着网络时代的到来，父母应该鼓励孩子把自己积累的作文、日记、读

书笔记等登出来，让大家互相评赏；并且定期将自己的作文或最满意的部分念给自己圈内的好朋友听，听其修改及评语；同学之间多互相写信，给亲朋好友寄作文；逢年过节，还可以把自己作文里的"精言妙句"抄录在贺卡上赠给别人，等等。生活在于体验，这些做法在很大程度上达到了写以致用的目的，使孩子有机会和兴趣去感受作文带来的成功与自豪。

第六章

初中三年，提高孩子自主高效的学习能力

孩子努力了却没有好成绩 •

当大多数家长在为孩子的贪玩、不爱学习而烦恼的时候，却有一些家长在为孩子非常勤奋而考不出好成绩而发愁。针对这样的现象，家长不必过于着急，这是每个人的学习能力强弱的差别。

那么，什么是学习能力呢？所谓学习能力，通俗地讲，就是一个人学习知识、增长才干的本领，是学习文化知识、认识社会、认识周围世界的能力，而不仅仅是学习书本知识的能力。一个人的学习能力往往决定了一个人竞争能力的高低。

小谷每天学习的时间都非常长，由于住校会有规定的熄灯时间，所以，小谷就让妈妈在学校附近租了一间房子，每天小谷下了晚自习之后，都会到租的房子那里继续学习，每天睡觉的时间都不会在 12 点之前，而且早晨还会早早起床，到学校和住校的同学一起上早读。在课下的时候，除了上厕所，小谷从来不会出去玩，都是坐在自己的位置上，不是预习复习，就是在给自己加点儿题目做做。

连老师都说，小谷是全班最用功学习的一个学生，经常让大家向小谷学习。按理说，这样的努力，小谷的成绩应该非常出色才对，但事实并非如此，小谷的成绩只是中游水平。因此，许多同学都在背后议论小谷，有的同学还说："我要是这样努力，考清华、北大都不是问题。"也有的同学怀疑小谷是不是智商有问题，要不然怎么会这么用功还考不出好成绩呢？

其实，小谷自己也很清楚，但是没有办法，如果自己不这样努力，可能连现在这样的成绩也考不出来。有时，小谷也会感到十分着急和沮丧，想想自己的付出，再看看自己的成绩，小谷都会感到十分伤心，却不知道问题出在哪里，难道真的是自己的智商有限吗？家长有时看到女儿这样努力也十分心疼，在家的时候几乎不敢谈论"谁家的孩子考得好"这样的话题，就怕伤了小谷的自尊心。

例子中的小谷学习非常努力，也很刻苦，却考不出好成绩，让自己非常痛苦，也让家长十分着急，还让自己成为同学嘲笑的对象。其实，这并不是智商的问题，只是小谷的学习能力可能差一点儿，因此学习起来十分吃力，即使耗费了很多时间，效率却并不高。

有人说："未来竞争的唯一优势在于更强的学习能力。"的确，如果一个人拥有较强的学习能力，就能够一点就通，举一反三，那么无论是学习生活，还是将来在工作应酬方面，都有着无与伦比的优势。也正是因为如此，想要在将来能够具有这样的优势，就必须提高自己的学习能力，这并不是花费的时间多就可以做到的，而是有一定的技巧和方法的。

因此，作为家长，一定要帮助孩子掌握学习技巧，克服学习障碍，一旦击退这个"强敌"，孩子的学习就不再是问题，孩子的信心也会像早晨的太阳一样蒸蒸日上。

孩子的学习规划很重要 ●

许多家长都会发现，孩子在进入初中阶段以后会认识到学习的重要性，而且一旦进入初中阶段，孩子原本就有的好胜心会越来越明显，自己很想受到别人的关注、羡慕等，因此，学习起来也比较自觉。但是，有些孩子似乎总是力不从心，感觉时间不够用，学习效率低，这是为什么呢？

其实，任何事情想要成功都必须有一个合理的计划，学习也是一样的。合理的学习计划就是提高孩子成绩的行动路线，是帮助孩子成功的有力帮手。没有学习计划，学习便失去了主动性，学习没有规律，抓不住学习重点，就算有再多时间也感觉不够用，总是被其他同学远远甩在后面。

小霜自从升入初中以后，每天都会认真学习，妈妈还会额外给小霜布置一些作业，小霜倒是没有反感家长的干涉，而是对妈妈的作业一直认真对待。但是，就算是这样认真学习，小霜的成绩还是不尽如人意，小学的时候成绩还算可以的她，现在竟然在班里是中游偏下了。这可难坏了小霜和爸爸妈妈，不知道该怎么办了。

为了赶成绩，周末在家时，小霜每门功课都想看，刚看了一会儿这门功课，忽然想起另外一门还有一个疑点，就赶紧放下手里的书，去看那门功课去了。她总是看着一本书，心里惦记着另外的书。往往思维还没有转换过来呢，小霜已经又换书了。初中的课程比较多，所以，小霜手里的书就一直在变，但是就算这样，有时一天下来似乎也没有认真看过一门功课，每一门都是走马观花。

另外，小霜看的时间也很随意，并不清楚自己什么时间该干什么，有时不想起床就赖在床上，等九点多才起床，起来收拾一下吃过早饭就快 10 点了。原本想着早点儿背书记忆力好一点儿，但是看时间不早了，小霜就改变了原先的想法，不背书而去做数学题了。小霜心里很想学好，可是真的不知道该怎么学才能学好，照理说自己并没有很爱玩，有时学到很晚，也算是用功的了，怎么就不见成绩提高呢？

很明显，例子中的小霜虽然想要好好学习，但是并没有计划好该怎样学习，也没有想好什么时间该学什么，总是很随性地学。也许在小学时这样学还能学好，因为主科就语数外三门，但是初中课程多了，如果不事先规划好，合理分配学习时间，不能主次分明，那么就会什么也学不好。

因此，家长要切实指导孩子制订合理的学习计划。制订一份合理的学习计划，就等于为孩子找到了促进学习进步的金钥匙。

帮助孩子制订严格的学习计划，养成守时、有序、高效的好习惯，是孩子一生受用不尽的财富。从人生成功的角度讲，统筹规划的意识和能力是一个要做大事的人取得成功所必须具备的一项重要素质，而这种素质只能在从小就习惯制订具体的学习计划并严格执行的实践中才能培养形成。

当然，孩子的学习计划应该由孩子来制订，家长要做的就是从旁协助孩子：帮助孩子把学习计划合理完善，监督孩子的执行，结合实际提出修改意见等，而不是越俎代庖，按照自己的希望来制订。

学习效率比学习时间更重要 ●

初中阶段是孩子在学习方面花费时间最多，也是最重要的时期，很多家长为了让孩子学得更好一点儿，什么都不让孩子干，争取一切时间让孩子多学习。但是，还是有许多孩子明明花费了很多时间，成绩反而不如一些花费时间少的孩子学得好。其实，这是有关学习效率的问题，有的孩子学习效率高，只要花费很少的时间就能学好；有的孩子则不然。

学习效率，是决定学习效果的关键。只有学习效率高，才能在有限的时间内学到更多的东西，才能有更多的时间从容解决问题。所谓学习效率，指的是学习所消耗的时间、精力与所获得的学习数量和质量之比。实际上，学习效率所探讨的就是如何以最少的时间、精力投入并获得最多、最好的知识以产生较强的能力使学习效果最优化的问题。

语嫣上初三了，想要顺利升入理想的高中，就必须在这段时间再努力学习。虽然语嫣的成绩还算可以，但是还是有不少提升的空间，尤其是英语。如果把英语成绩提上来，语嫣的总体成绩就能提升不少。因此，为了学好英语，语嫣把大量的课余时间都用在了英语上面。

整整学习了一个月，然而在月考中语嫣的英语并没有任何提升，这难免让她有些沮丧。语嫣为了学好英语，特意到办公室去请教英语老师。英语老师问她："你都采用什么方法学英语的呢？"语嫣如实回答道："我每天都在背单词，我感觉我的词汇量太少了，我都是看着单词表，一遍一遍地写，不是说写的话能增强记忆力吗？"

老师却说，只是背单词效率太低，让语嫣试着多读一些英语短文，在文章中记单词，既能学会单词，还能提高阅读速度，这样在考试时就能有充足的时间完成题目。

语嫣按照老师的方法去学习，果然比单纯记单词效果要好一些。这样坚持了两个月，在期末考试中，语嫣的英语提升了近二十分！

看来，学习效率对于学生的成绩是十分重要的。那么，为什么同样是学习，有的孩子会出现学习效率低的情况呢？其原因是多方面的：

首先是学习动力。相关研究表明，孩子的学习动力与学习效率呈正比。对于初中阶段的孩子来说，学习动力很大一部分来自学习兴趣，他们对所学的内容感兴趣，学习就会积极主动；如果孩子不喜欢学习某些东西，即使被家长"逼着"去学习，他们也不会认真对待，往往会想方设法逃避。实在逃避不了的，就敷衍了事。这样的话，肯定无法保证学习效率了。

其次是学习习惯。没有良好的学习习惯，就很难把学习学好。比如，有的孩子上课一边听课一边玩，这样就不能保证心思都在听课上，也就无法保证学习效率了。

再次是学习方法。如果孩子的学习方法不当，总是死记硬背，抓不住学习重点的话，就不能形成知识结构，自然是没有学习效果的。例子中的语嫣开始学习效率低，就是由于学习方法不当造成的。

总之，如果孩子学习效率低的话，家长要及时找出原因，然后进行有针对性的指导。

给孩子一个独立思考的空间 •

思考好比播种，行动好比果实，勤于播种，才能收获多多。只有善于独立思考的孩子，才能享受到积极动脑带来的丰收喜悦，并最终品尝到成功的琼浆玉液。

伟大的物理学家爱因斯坦说："学会独立思考和独立判断比获得知识更重要。不下决心培养思考习惯的人，便失去了生活的最大乐趣。"

有的父母把一切事情都安排得十分妥善周到，从来就没有什么事需要孩子自己去考虑，时间长了，孩子独立思考的能力就被扼杀得差不多了，更谈不上解决问题的能力了。父母要培养孩子独立思考的习惯，就必须给孩子创造一个思考的空间。

物理学家霍金曾讲过他自己大学期间的一件事。有一位老师口才极佳，课堂上旁征博引。但可惜的是，他讲得太深奥了，很多东西已超出当时同学们的接受能力。有同学抱怨说，自己一堂课能听懂一半就不错了，那位老师听说后，微微一笑道："如果我所讲的你们都明白，那我还上这堂课干什么呢？你们想让自己的大脑干些什么呢？"霍金深受启发。

只会被动接受而缺乏创造性思维是与当代素质教育的精神相违的。父母应该提醒孩子注意：在课堂学习中，老师所讲的、所灌输进他们大脑里的东西，永远都不是他们自己的东西，只有当他们主动思考、主动探索，把这些东西转化为自己的东西时，才算真正弄懂弄通了它们，并且在孩子独立思考的过程中，也定会"无心插柳柳成荫"，得到额外收获，达到举一反三的效果。

这时，孩子就会有成就感、自信心，进而激活自己的思维。如此这般，才会做到良性循环。

获得知识的多少，取决于孩子根据自身经验与自我分析去获取有关知识的能力，而并非取决于其记忆和背诵教师讲授的内容以及书本上传递的内容的能力。

以教师为主体，强调"教"的传统教学方式，随着教学改革的深入，已渐渐让位于以学生为主体，强调"学"的教学方式。一味被动接受的学生很难适应当前社会对人才素质的要求。

永远不要怀疑主动思考问题的"意义"。相信自己的思维能力，相信"尽信书，不如无书"。在审查中考试卷时，专家们发现了一件很有意思的事情。试卷中现代文阅读历来包括课内课文阅读与课外选文阅读。可老师讲过的课文阅读的得分率远远低于课外选文阅读的得分率，有时竟相差20个百分点。

通过向学生调查得知，他们做课内课文阅读时，绞尽脑汁地回想老师当时是怎么讲的，而无法展开自己的思考；而做课外选文阅读时，他们无所顾忌，放胆发挥。原来，被动接受只会为成功关上大门，而独立思考则会开启另一扇成功之窗。

我们一起来看看张肇牧的故事。

肇牧十分喜欢做实验性的游戏，当听爸爸妈妈说要做有趣的实验游戏时，他非常高兴。与往常一样，由爸爸说，他动手。

"肇牧，从你的玩具中，找出两个同样大的杯子，一个比杯子大的碗或者锅都行。"

肇牧将三样东西拿来了。"爸爸，你看行吗？"

爸爸满意地说："行。你用锅装些水来，并且将水分别倒进两个杯子，要求两个杯子的水要一样多。"肇收按示意进行。

然后爸爸问他："你看两个杯子的水，是不是一样多呀？"

肇牧左看看右瞧瞧，说："啊，是一样多。"

"你将一个杯子的水倒进锅里，你再看看，是锅里的水多，还是杯子的水多？"

谁知肇牧不假思索地给了爸爸满意的答复："一样多。"

"为什么？你看锅里的水这么少，杯子的水那么多，怎么是一样多呢？"

肇牧从容地说："爸爸你看，这是两个同样大的杯子，我倒进的是同样多的水，然后再把这个杯子里装的同样多的水倒进锅里，因为锅比杯子大，所以看起来锅里水像少些，其实它们一样多。"

谁能相信，这是一个年仅四岁的孩子能对液体容量守恒定律有如此肯定的回答，而且思维清晰，语言表达准确、完整。

上小学二年级的时候，数学课上开始学习直式运算。别的学生都能按老师的要求，从低位向高位运算，而肇牧却别出心裁地从高位到低位进行逆向运算。老师指出后，他竟一意孤行。爸爸妈妈问他时，他振振有词地说："从左边算到右边是我想出来的窍门。"

听他这么一说，爸爸妈妈意识到肇牧虽然违背了运算规律，却透露出一种萌芽状态的独创精神。

于是，爸爸妈妈在对他的"找窍门"给予充分肯定之后，循循善诱地告诉他，对自己周围的事物要多方位观察，对思维结果还需验证，验证的标准就是看它的实际效果。然后，爸爸妈妈与他一起分析逆向运算的弊端。最后，他口服心服地忍痛割"爱"了。正是由于举一反三的独立思考能力，培养了小肇牧的思维、判断和推理能力。

那么，父母如何培养孩子养成独立思考的习惯呢？我们给父母们提供了如下几点建议：

1. 留给孩子自己思考的余地

在与孩子相处或交谈中，父母要给孩子提出自己想法的机会。父母应经常以商量的口气与孩子进行讨论式的协商，留给孩子自己思考的余地。父母可根据交谈内容经常发问，如："这两者有什么关系"，"你觉得怎么做会更好"，"你的想法有什么根据"等问题，以引起孩子的思考。

2. 给孩子创造一个独立思考的氛围

这对孩子形成独特的个性，表现有创新意识的思维、举动很重要。父母不能因为孩子小，需要成人照顾而把他看成是成人的附属品。孩子也是一个完整、独立的个体，应该允许他有自己的世界，有自己的空间。

有句话说"什么样的父母教出什么样的子女"。因此，在父母努力启发孩子创造力的同时，不要忘了培养自己的创造力，使自己成为能欣赏孩子创造力，并能与孩子创造力互动的主力。因此，不必在孩子与孩子间制造竞争压力，也不必为了培育创造力，将家庭生活弄得紧张、沉重；更不必一反常态，变成严肃又过分认真的父母。

真正成功的创造力培养者，是能与孩子一起学习、一起成长的。他们能像挚友般倾听孩子的心声，了解孩子的举止；他们知道何时给孩子掌声，何时应扶持孩子一把，他们没有命令，孩子没有压力。

3. 培养孩子创造性思考的能力

鼓励孩子凡事多问几个为什么。父母要不厌其烦地给予正确回答。对孩子的提问努力表现出兴趣，与孩子一起去思考，去寻求未知的答案，孩子提出问题的欲望就会不断增强。

不要阻止孩子探索性的行为活动。如孩子为了看个究竟，拆卸了玩具和物品，大人不要生气、谴责。

倾听孩子有意义的"瞎说"，允许孩子有"稀奇古怪"的想法。如遇到交通堵塞的时候，孩子向父母描述他要造一种带翅膀的汽车，如何在天上飞过去时，父母也可在旁边"添油加醋"。

劳逸结合才不会让孩子成为"病龙"

孩子需要学习的科目多，知识量大，如果不善于调节，一味增加压力，不仅学习的效率无法保证，还有可能给孩子带来意想不到的危害，甚至损害孩子的健康。劳逸结合的学习方式，要比单纯给脑子加压的学习效果好得多。

对孩子来说，休息很重要，选择合适的休息方法更重要。休息的方式有很多种。对学生来说，最有价值的一种，就是转移注意力。在充分放松的基础上，对一段时间以来掌握的知识做一次回顾。像放电影一样，把学过的知识点过一遍，再逐一编织进自己的知识网络中。这样的休息相当于复习，而且有助于知识的融会贯通。

还有一种休息，是在放松的状态下，查找自己的缺陷和不足。哪一部分自己感觉比较模糊，哪一门科目自己比较发怵，在休息时的第一感觉，往往都是最准的。这样的休息相当于做大量的自测题，在很短的时间内，就能迅速找到自己的问题所在，及时进行弥补。

当然，如果孩子实在过于疲劳，出现了思维不畅、反应迟钝等现象，那就需要彻底的放松。这种情况下，可以考虑让孩子做一些运动。

运动是一种积极的休息方式。运动时，运动中枢兴奋，可快速抑制思维中枢，使其得到积极的休息，有助于提高学习效率。经常参加运动锻炼的孩子，在智力和反应方面明显高于未参加锻炼或极少参加运动的孩子。

要培养孩子劳逸结合的习惯，父母应该注意哪些问题呢？

1.注意孩子的精神状态

当父母发现孩子出现走神、精力不集中、疲劳等状况，最好叫他立刻放下课本，休息一会儿。这样，既能让孩子觉得父母关心自己，又有助于加强孩子的上进心，休息之后用更大的努力投入到学习中去，效率一定会更好。

2. 休息时和孩子交流

休息时和孩子交流，查找孩子存在的问题。孩子休息时，父母可以用和缓的态度陪孩子闲聊，问他新学了什么，哪些有意思，哪些兴趣差一些。孩子兴趣差的地方，往往就会成为学习中的漏洞，需要有针对性地进行弥补。可以和孩子共同讨论用什么方式，来保证这些内容不拉学习的后腿。

3. 在休息时鼓励孩子

孩子休息时，常常会有心理压力，认为自己在耽误学习的时间，自己笨，越想心理负担就越重。这时，父母的鼓励会让孩子重新拾起自信，恢复得更快，以更好的状态投入到学习中去。鼓励的方法，通常是引导孩子发现自己的优点，让孩子知道，他在父母眼中永远是最棒的。

4. 每天陪孩子锻炼

孩子用脑强度大，需要适当运动量。父母可以和孩子约定，每天学习疲倦后，和父母一起去跑跑步，或做一些别的锻炼。共同锻炼的过程，既有助于孩子的放松、增强孩子的体质，也能增进双方的感情，更能帮助父母了解孩子的真实想法。最好不要把时间规定得太死，孩子什么时候需要休息，父母就什么时候陪他锻炼。

5. 用乐观的态度，帮孩子调节情绪

孩子的学习压力大，负担沉重，尤其需要父母来帮助他调节情绪。休息时，父母可以用乐观的态度，聊一些轻松愉快的话题。一定要从态度中体现出父母真心希望孩子快乐。只要每天能有很少一点儿温暖和快乐，就足以支撑孩子走过艰难的书山学海。

虽说体育锻炼对孩子养成劳逸结合的习惯很有益，但有一些孩子却不爱锻炼身体，原因主要有以下几点：

1. 孩子的意志力薄弱，不能持之以恒

许多孩子自小就被宠爱，做事往往三天打鱼、两天晒网，缺乏持之以恒的意志力。锻炼身体实际上是很艰苦的，它不仅要劳其筋骨，而且要苦其心志。因此，孩子总是会为自己寻找客观的理由，躲避身体锻炼之苦、之累。

2. 家长的坏习惯影响了孩子

随着现代生活节奏的加快，许多成人没有余暇锻炼身体。资料表明，25 ~ 39 岁参加体育锻炼的人比例最小，在此年龄段，45.5% 的男性和 39.6% 的女性借口工作太忙不参加体育锻炼。孩子的家长大多数处在这个年龄段，孩子很容易把父母的生活习惯当成自己效仿的对象。

3. 孩子们的锻炼兴趣不能实现

有一些孩子，实际上是有锻炼身体的兴趣和想法的，比如说有的孩子喜欢踢足球，有的孩子喜欢游泳，有的孩子喜欢武术。一些家长却把自己的兴趣爱好强加给孩子，孩子锻炼身体的良好愿望一旦被压制，他明明喜欢锻炼身体，也会故意不锻炼。

4. 锻炼的空间和外部环境不具备

许多学校学生人数众多，操场总是人满为患，有限的锻炼空间使一些孩子望操场而兴叹。

那么，怎样纠正孩子不爱锻炼身体的习惯呢？父母要从以下几个方面抓起：

1. 培养孩子持之以恒的意志力

在对待那些有浓厚的锻炼兴趣，但意志力不够坚强的孩子时，父母应多鼓励，制订锻炼计划，并适当地创造奖励条件，以巩固强化孩子的兴趣。有的时候甚至可以采用一些惩罚的措施，从而纠正孩子不爱锻炼的坏习惯。

2. 要从小培养孩子锻炼身体的兴趣

兴趣是人从事任何事情的基本动力。作为家长，不妨观察一下孩子对什么样的体育活动较为感兴趣，然后不动声色地提供一些条件及时加以引导。有了条件和父母的支持，孩子自然会积极主动地去参加体育锻炼。

3. 根据孩子的年龄和体质教给孩子锻炼身体的正确方法

人的智力发展有一个最近发展区，身体素质同样也有一个"敏感教育期"。青少年时期是人体素质发展最关键的时期，这个黄金时期不容错过，否则将贻误终身。父母一定要了解一些基本的体育常识和生理常识，根据孩子的年龄特征和体质状况，合理分配锻炼时间，掌握锻炼技巧，切不可因噎废食或锻炼过度。

学习压力大，孩子不愿再学习 ●

有些家长认为，只有给孩子一定的压力，孩子才会认真学习，正所谓"有压力才会有动力"，却不知处于初中阶段的孩子，由于身体的急剧变化已经有一定的心理压力。而且这个时期正是学习的关键阶段，孩子的课业负担重，许多孩子根本没有过多的课余时间，在学校上课占据了孩子绝大部分的时间，这也会造成一定的压力。如果家长还要再给孩子压力的话，许多孩子会因为承受不了过大压力而开始出现厌学情绪或者走向极端。

心理学研究表明，孩子的压力一部分来自学校，但是更多的来自家庭。所以，父母要有正确的成才观，要了解和理解孩子的心理特点，要随时注意孩子在做什么、想什么、关心什么，平等地与孩子进行沟通和交流，对孩子多一分关心和爱护，少一分训斥和冷漠，多一些理解和支持，少一些专横和反对。

小江是个重点高中的学生，他的成绩一直非常好。从小妈妈就告诉小江："要好好学习，如果考不上重点初中，你就会没有一个好出路。"于是，小江努力地学习，上课认真听讲，课下自觉地学习。终于，小江进入了重点初中。小江的妈妈又说："这个时期是关键时期，一定要好好学习，考到重点高中，才能考上好的大学。"小江继续夜以继日地学习。别的同学常常都周末结伴出去玩，小江却一直是在辅导班里度过周末的。小江最终不负众望，成功进入现在这所重点高中。

小江以为按照妈妈的话做了，也进入重点高中了，可以松一口气了。可是妈妈却说："在高中如果不好好学就会前功尽弃的，所以一定要专心学习，争取考第一。"小江有些崩溃了，觉得自己一直被妈妈鞭策着前进，根本没有自己的想法。

小江在日记中写道："多少年来，在我心中只有第一，必须第一，无数个第一整天追赶着我，我觉得自己的生活实在太累了。"

进入高中以后，小江开始讨厌学习，上课也不愿意听讲了，他想摆脱"第一"的困扰。每次进入教室，小江都感到犯愁，深深排斥着课本，讨厌这周而复始、毫无意义的学习时间。他开始变得沉默，每天游走在家庭与学校之间，像一个孤独的娃娃一样，没有了这个年龄的孩子该有的活泼和青春。

对于孩子来说，如果他生来就是为了"第一"而活着，他的人生会怎样呢？其实，孩子有自己的思想和愿望，并不是只有第一的孩子才有出息。这个时期的孩子本身学习压力就大，家长如果再施加压力，会让孩子脆弱的心理承受不住而发生悲剧。

父母是孩子最亲近的人，对孩子的关心，不应该只是学习上的关心，还应该关注这个特殊时期孩子的内心世界，关注他们精神上的需求。特别是一些高年级的孩子，父母应该学习与孩子交朋友，与孩子一起面对学习和生活中的压力和琐事，让孩子尽可能有一个放松的心态去学习，这样，孩子才能从学习中收获快乐，孩子也会喜欢学习，不再排斥学校、排斥课本。

初中阶段是孩子成长发育的关键时期，也是他们学习的关键时期，家长应该同时关注孩子这两个方面，而不是只关注学习。学习固然重要，可是有多少孩子因为学习压力过大，心里承受不了而选择离开这个世界啊！我们常常会在报刊等媒体上了解到青少年自杀的报道，在他们以生命的代价给家长的教育敲响警钟的时候，作为父母，是不是会有所警醒呢？对于处在初中阶段的孩子来说，沉重的学习和生活中的压力，是他们难以承受的，于是有的孩子选择了逃避，有的孩子却在痛苦中继续承受。

由此可见，减轻孩子的学习负担，减少孩子的心理压力，是关系到孩子学习和身心健康成长的重要因素，父母应该认真对待，及时关注和引导孩子。

帮助孩子找到真正的学习动力 •

初中阶段的孩子正处于身心发展时期，更处于学习的绝佳时期。如果这个时期的孩子没有学习的动力，就没法真正地把知识学好。仅靠父母和学校施加的压力，学生没有主动学习的动力，学习就不能持续很长时间，再加上这个时期的孩子有了自己的独立意识，而且容易形成叛逆心理，所以，家长应该帮助孩子找到真正的学习动力，让孩子主动学习，才能快速提升成绩。

任何人做事都是有动机的，孩子学习也是如此。只有明确了自己学习是为了什么，才能为之付诸行动，才有学习的动力。学生如果没有学习的目的，也就没有学习的动力了。一般来说，孩子除了学习外，都有自己的兴趣和爱好。作为父母，如果能正视孩子的这些兴趣并加以鼓励，并利用这种兴趣引导孩子明确学习的目的，那么，孩子就能热衷于学习了。

周末，小海邀请好朋友小雨来家里玩。两个初中生都热衷于玩电脑游戏，于是，两个人坐在沙发上，对着电脑玩了一天。小海的爸爸下班回到家的时候，两个孩子正在激战中呢。想到孩子一整天都在玩游戏，小海的爸爸有些生气，但是想到孩子平时学习很累，周末难得轻松一下，而且他的好朋友也在，批评儿子会让他没有面子的。但是已经玩一天了，也该休息了，正好可以和两个孩子谈一下。

在三个人谈到理想的时候，他问小海："儿子，你以后的理想是什么？"

"我想成为一名建筑师，建造世界上最坚固的大楼，即使是地震也不会给人们造成灾难。"小海好像一直有这样的梦想，所以他毫不犹豫地就说出来了。

"看来小海不光有理想，心地也很善良啊！那你知道你最近的学习目标吗？"

"当然，我现在正努力学习争取考入重点高中。这样才能考上好大学，将来选择最好的建筑大学去学习。"

"那你呢，小雨，你的理想是什么？"听完小海的理想，爸爸转过头来问小雨。

"我还没想好呢，看看将来适合做什么就做什么吧。"小雨有些不好意思地挠挠头。

"还没有理想，那你现在学习是为了什么呢？"小海的爸爸接着问。

"不为了什么啊，我爸爸妈妈让我学我就学啊，学好了他们就高兴，学不好就老是训我。嗯，可能就是为了爸爸妈妈高兴呗。"小雨认真地说道。

"小雨，你这样想就不对了，学习都是为了自己好，学习好了最终受益的还是你们自己啊。学习没有目标，就没有学习的动力，没有动力怎么能让自己坚持一直学好呢？"小海的爸爸语重心长地说。

小雨想了想，说："难怪我的成绩总是忽上忽下，自己也不喜欢学习，原来是我没有学习的动力啊！"

"是啊，给自己确定一个目标，然后朝着目标不断努力前进，这样，你就会离自己的目标越来越近的。"小海的爸爸鼓励小雨。

经过这次谈话，小雨来找小海的次数增多了，不过不是来玩电脑的，而是两个人一起在房间里学习，互相鼓励。在接下来的几次考试中，小雨的成绩提高得很快。

许多初中阶段的孩子都对自己的人生之路感到迷茫，不明白自己为什么读书，为谁读书。许多孩子认为读书是为了家长或者老师，这种学习态度直接导致孩子对待学习和生活的冷漠，没有热情，对什么都没有兴趣，觉得整个世界都没有意义，整个人看起来都是无精打采的，对什么都不在乎。

其实，学习都是为了自己，孩子可能不明白，但家长一定要告诉孩子，自己的人生之路是靠自己来走完的，学习是为自己学的。现在学习知识，是为了在以后的人生中可以借助知识让自己更成功。只有孩子明白了这个道理，才会找到真正的学习动力，学习起来才会精神抖擞，朝着目标大步朝前。

逃学——孩子的厌学心理 ●

所谓"厌学"，就是孩子特别贪玩，对学习没有兴趣，视学习为负担，害怕面对学习上的困难，没有解决困难的恒心；学习方法不科学，学习习惯没有很好地养成，由此造成学习困难，不能从事正常的学习活动，纪律涣散，严重者会逃学、辍学，甚至离家出走。

有些孩子小时候不喜欢去幼儿园，但是很快就会习惯，而且越来越喜欢，原因是那里有小朋友，有老师，能够度过愉快的时光。慢慢地，进入小学以后，孩子就开始有了学习的压力，家长对孩子的教育也跟幼儿园时期不同，开始不断给孩子灌输"好好学习，争取考第一"的思想。然而，在这一时期，就会出现学生厌学的心理和逃学的行为。但是这个时期的孩子年龄较小，还对父母存在畏惧感。等孩子进入初中阶段以后，个子不断长高，身体逐渐发育，许多孩子认为自己已经长大，就不必再受父母的管教。这个时期的孩子课业负担明显比小学时期要重，如果父母再给孩子过高的期望值，造成孩子压力过大的话，孩子可能就会逐渐失去学习的兴趣，成绩开始下滑，时间长了，孩子就会掉队。在孩子掉队之后，父母和老师等人对孩子的态度会发生改变，孩子开始会产生厌学心理，严重者就会逃学。

小哲是个初三的学生，因为面临中考，课业负担很重，父母为了不让小哲落下课程，就给小哲报了辅导班。每到周末，小哲就要去辅导班上课。小哲感觉完全没有自己的时间了，每天面对的都是课本，时间一长，小哲开始讨厌看书，后来小哲拒绝去上辅导班，在家的时候也不看书了。父母只要提到让他写作业或者看书，他就会夺门而去，或者关上房门说是写作业，其实也不知道他自己在屋里到底干什么，还不允许父母进他的房间。

原本小哲的成绩属于中上等，但是最近成绩严重下滑。小哲上课的时候无精打采，不听课，还专门和老师对着干。渐渐地，小哲作业也不做了，还经常迟到早退。老师只要一说他，他就会顶撞老师，或者干脆走了，不上这一节课了。

孩子的厌学心理不仅会危害到自己，影响身心的成长发育，还会对其他同学造成不好的影响。这个时期的孩子有一种喜欢跟风的心理，有的同学甚至认为顶撞老师的行为十分酷，对他逃学的行为认为是潇洒，以至于在一个同学开了逃学的先河之后，就会有很多同学进行效仿，严重影响正常的教学秩序，进而影响其他同学的正常学习。

那么，面对孩子的厌学，父母应该怎么做呢？

首先，父母要为孩子创设成功的机会，激发孩子的成功信念。厌学的孩子常常过分夸大学习中的困难，过低估计自己的能力，这就需要父母为他们创设成功的机会，让孩子在学习活动中通过成功地完成学习任务、解决困难来体验和认识自己的能力。同时要给孩子树立一些成功的榜样，因为一个人看到与自己水平差不多的示范者取得成功，就会增强自我成功的信念，认为自己也能完成同样的任务。

其次，要教给孩子学习方法，提高学习的能力。许多厌学的孩子都是由于学习跟不上，经常受到父母的责备、老师的批评以及同学的嘲笑，结果他们就会破罐子破摔，经常逃学。因此，父母应及时想办法，有效辅导孩子的学习，只有学习能力提高了，孩子才会变得自信起来，那么对学习的兴趣自然而然就会产生。当然，父母在进行辅导的时候，要教给孩子学习的方法，提高孩子的学习能力，这样的辅导才是有效的辅导。

最后，就是要尽量减轻孩子的心理和学业负担。有些父母觉得学校老师给孩子的压力还不够多，就在家给孩子施加压力。值得注意的是，一旦压力过大，孩子承受不了，就会产生厌学心理，有的孩子则会离家出走。因此，父母要尽量减轻孩子的负担，结合初中阶段孩子的心理特点，做到寓教于乐，劳逸结合。

总之，只要父母能对症下药，耐心细致地做好孩子厌学心理的辅导，并得到老师的积极配合，就可以调节孩子的心理，排除孩子的心理障碍，从而有效地治疗孩子的厌学心理，让其以健康、积极向上的心理对待学习和生活。

帮孩子从考试焦虑中解脱 ●

最近要考试了，和大多数父母一样，林妈妈也陷入焦虑。

中午吃饭的时候，林妈妈的几个同事坐在一起讨论起来："平时孩子倒是有说有笑挺轻松的，一到考试就紧张，天天说什么不想考试，讨厌考试，这可怎么办呢？""我家田田也是，平时活泼机灵，看起来很轻松，但一到考试整个人都蔫了。每次到了期中、期末考试，都紧张得手心出汗。有一次考试，她还紧张得生病了。""我家孩子更厉害，每次考试都想逃避，不是生点儿小病就是出点儿事情，现在只要一听说考试，不仅孩子紧张，连我都紧张了。"

听了同事们的聊天，林妈妈也参与其中，说道："最近，我家孩子老是心神不宁，连书都看不下去了，这可怎么办呢？"

几位妈妈所描述的孩子的症状，其实就是考试焦虑。考试焦虑症是指孩子在应试教育的情境下，通过不同程度的情绪反应表现出来的一种心理状态。有的孩子焦虑情绪达到了很严重的程度，就可能发展成为考试焦虑症，所造成的后果就是考试发挥失常。

在现实生活中，考试焦虑症是目前孩子普遍存在的心理问题之一。他们大多会感到不同程度的学习困难，比如记忆力下降、精神不集中、注意力分散等。有的孩子还会出现"很熟悉的知识怎么也想不起来"等情况。与此同时，孩子还会出现一些生理反应，比如容易疲倦、厌食、心跳加速等。

造成考试焦虑症的原因是什么？其实大多数源自孩子考前准备不充分，心里没底，才会造成考试前紧张、考场发挥失常等现象。还有一些基础较差、性格比较内向、学习方法不够灵活的孩子，由于他们内心比较敏感、多疑、缺乏自信，最容易产生考试焦虑症。此外，一些过分看重考试成绩、担心自己考不好就很丢脸的孩子，即便他们的学习成绩很好，也容易过分紧张，从而产生焦虑情绪。

徐杰今年读初二了，他学习很认真，老师和父母都不用过多地嘱咐，他总是有时间就会主动学习。在家里，他经常自己在房间里看书或者做练习题。上课的时候，徐杰听讲十分认真，及时做笔记，课下的时候他就再看一遍笔记，把老师讲的内容再温习一遍。在别人眼中，徐杰就是一个认真学习的好孩子。

可是，就是这样一个认真学习的学生，每次考试都会非常紧张。在临考的前几天，他会睡不着觉，吃不好饭，甚至还会出现拉肚子、呕吐的情况。尽管这样，徐杰还是坚持复习，每天都复习到半夜才睡。可是，考试的成绩却不理想。老师也说，按照徐杰平时的表现，他的成绩绝对应该比他取得的成绩要好很多。

为此，徐杰十分懊恼，觉得自己很没用，关键时刻掉链子。越是这样想，考试的时候徐杰就越想考得好一点儿，以此证明自己的真实水平，可是越是在乎，就越是紧张，成绩也就越差。有的同学还嘲笑他，说："如果我跟徐杰一样认真的话，成绩早就是第一了。"这让徐杰很受伤害，觉得自己肯定不是学习的料，将来也一定考不上好大学。

　　其实，事例中的徐杰就是典型的考试焦虑。考试焦虑是让许多学生、家长和老师头疼的心理问题。孩子明明把公式都记住了，概念也背得滚瓜烂熟，可是一到考场就怎么也想不起来，脑子一片空白。适度的焦虑可以使人注意力集中，反应更加迅速，思维更加敏捷，有助于学生发挥出最佳水平，可是如果焦虑过度，就会产生相反的作用。过度的考试焦虑会干扰学生回忆的过程，同时会对思维过程起瓦解的作用，从而使学生考试发挥失常。

　　孩子考试分数的高低，只能表明其对过去所学知识掌握程度的好坏，并不代表孩子解决问题的实际能力如何；考试分数的高低并不能真正说明什么，更不能决定孩子的未来。因此，父母要引导孩子，告诉他们：越是临近重大考试，越要适度降低求胜动机，减轻心理压力，真正做到轻装上阵。

　　成功固然重要，失败也绝不气馁。如果孩子考了好成绩，得到了父母的表扬，孩子就会觉得很骄傲，此时的孩子是信心满满的。然而，对于考试成绩不理想的孩子，我们则要发现他们的优点，让孩子看到自己的实力和潜质，提高孩子的自信心，让孩子真正做到"胜不骄，败不馁"。

　　如果孩子恐惧考试，那么做好考前的充分准备，是预防孩子产生焦虑心理最有效的方法。比如，考前复习要有侧重点，只要检查一下重点内容就可以了；考前的休息要正常，情绪要愉悦，尽量放松心情，降低心理的紧张程度，比如听听音乐、打打球等，都有利于孩子放松神经，为考试做好积极的准备。